O *bom* PASTOR

40 reflexões bíblicas sobre como liderar e ser liderado

Publicações
Pão Diário

Com observações perspicazes, descrições reflexivas e aplicação significativa das Escrituras, *O bom Pastor* traz à tona como a formação de bons líderes ocorre, de forma bíblica, teológica e prática.

—REV. SAMUEL E. CHIANG,
secretário-geral adjunto da World Evangelical Alliance

Nos modelos de liderança do ministério de Jesus, apenas o de servo recebeu um tratamento aprofundado dos estudiosos. A investigação de Laniak sobre o modelo dos pastores de ovelhas é extremamente necessária para os líderes de hoje.

—DR. BOBBY CLINTON,
professor de liderança no Fuller Theological Seminary

Realizando o que poucos autores conseguem, Laniak cria imagens poderosas com histórias fascinantes, *insights* exegéticos e fotos impressionantes, dando vida à liderança bíblica, tanto para pastores quanto para outros líderes.

—DR. JAMES F. COBBLE JR.,
fundador do Institute of Church Leadership

Mais do que uma leitura inspiradora, este livro é um convite oportuno para adentrarmos no mundo dos pastores de ovelhas e refletirmos sobre nossa vida e liderança cristãs com um novo senso de respeito e confiança.

—DR. BARRY COREY,
presidente da Biola University

Uma verdadeira fonte de ar fresco para pastores e líderes. A experiência pessoal de Laniak entre os beduínos acrescenta uma visão significativa para a compreensão das Escrituras e do dia a dia ministerial. Estou recomendando-o como leitura obrigatória para todos os meus alunos!

—DR. S. DONALD FORTSON,
professor associado do Reformed Theological Seminary

Laniak traz uma mistura única de percepções bíblicas, aplicações contemporâneas e experiências culturais em primeira mão.

—DR. KIRK FRANKLIN,
ex-diretor executivo da Wycliffe Global Alliance

Tim Laniak trouxe muitos *insights* inovadores e úteis sobre o pastoreio, tanto que dei cópias deste magnífico livro a cada um de nossos presbíteros e à toda a minha equipe!

—DR. JOHN HUFFMAN, ex-pastor sênior da
St. Andrew's Presbyterian Church em Newport Beach, CA;
e presidente da diretoria da Christianity Today International

Este livro oferece uma deliciosa combinação de erudição, praticidade e linguagem acessível. Recomendo-o fortemente para todos que buscam entender a liderança bíblica, especialmente para aqueles envolvidos com liderança multicultural.

—DR. JAMES E. PLUEDDEMANN, professor na Trinity Evangelical Divinity School e ex-diretor internacional da Society of International Ministries (SIM)

Tim Laniak concorda que, como líderes cristãos, devemos pensar em nós mesmos como pastores de ovelhas, mas ele traz um inquietante realismo bíblico e cultural à nossa identidade. Ele nos orienta a apreciar e abraçar tudo o que o pastoreio bíblico envolve. Com palavras perspicazes e fotografias esplêndidas, Laniak traz para seus escritos a mente de um estudioso e o coração de um pastor.

—DR. HADDON W. ROBINSON (1931–2017), pregador, professor e presidente do Seminário Teológico Gordon-Conwell

Uma integração brilhante de conhecimento e aplicação. Este livro é um presente inestimável para aqueles que estão procurando ferramentas excepcionais para um período sabático ou reflexão diária.

—DR. BEKELE SHANKO, vice-presidente global da Campus Crusade for Christ International

O *bom* PASTOR

40 reflexões bíblicas sobre como liderar e ser liderado

TIMOTHY S. LANIAK

Originally published in English under the title
The Good Shepherd:
Forty Biblical Insights on Leading and Being Led
©2024 by Timothy S. Laniak
Our Daily Bread Publishing, PO Box 3566,
Grand Rapids, MI 49501, USA.
All rights reserved.

Coordenação editorial: Adolfo A. Hickmann
Tradução: Céfora Carvalho
Revisão: Adolfo A. Hickmann, Lozane Winter
Coordenação gráfica: Audrey Novac Ribeiro
Projeto gráfico: Rebeka Werner
Capa: Gabriel Ruiz Araújo

Dados Internacionais de Catalogação na Publicação (CIP)

LANIAK, Timothy S.
O bom Pastor — 40 reflexões bíblicas sobre como liderar e ser liderado
Tradução: Céfora Carvalho, Curitiba/PR, Publicações Pão Diário
Título original: *The Good Shepherd: Forty Biblical Insights on Leading and Being Led*

1. Devocional   2. Vida cristã   3. Liderança   4. Pastores   5. Bíblia

---

Proibida a reprodução total ou parcial, sem prévia autorização, por escrito, da editora. Todos os direitos reservados e protegidos pela Lei 9.610 de 19/02/1998. Quando autorizada, a reprodução de qualquer parte desta obra deverá conter a referência bibliográfica completa. Permissão para reprodução: permissao@paodiario.com

Exceto se indicado o contrário, as citações bíblicas são extraídas da Nova Versão Internacional, NVI © 1993, 2000, 2011, Biblica, Inc.

Publicações Pão Diário
Caixa Postal 9740
82620-981 Curitiba/PR, Brasil
publicacoes@paodiario.org
www.publicacoespaodiario.com.br
Telefone: (41) 3257-4028

QW413 • ISBN: 978-65-5350-506-3

1.ª edição: 2024

Impresso no Brasil

*Dedicado respeitosamente ao Dr. Robert E. Cooley,
um pastor exemplar que trouxe o mais alto nível de erudição
em Bíblia e antropologia devido à sua compreensão
e prática de liderança cristã.*

*Pois ele é o nosso Deus, e nós somos o povo
do seu pastoreio, o rebanho sob os seus cuidados.*

Salmo 95:7

SUMÁRIO

Introdução 15
    Dia 1   Natureza selvagem 21

Provisão 27
    Dia 2   O coração do pastor 29
    Dia 3   Chamado para cuidar 36
    Dia 4   Riachos no deserto 42
    Dia 5   Brote água, ó poço! 49
    Dia 6   Pastos verdejantes 57
    Dia 7   Alimente minhas ovelhas 64
    Dia 8   O Pastor que cura 71
    Dia 9   Parteiros e enfermeiros 79
    Dia 10   Perdidos e achados 87
    Dia 11   Reunindo os dispersos 95
    Dia 12   Satisfação e restauração 102
    Dia 13   O cajado 109
    Dia 14   Nomeados e conhecidos 116

Proteção 123
    Dia 15   Coragem 125
    Dia 16   Observando seus rebanhos 132
    Dia 17   Reconhecendo os lobos 139
    Dia 18   Enfrentando os leões 147
    Dia 19   O outro Leão 156
    Dia 20   Guardiões 164

Dia 21	Cães	170
Dia 22	Justiça	177
Dia 23	A vara	184
Dia 24	Um sacrifício vivo	191
Dia 25	Escuridão	198
Dia 26	Cuidem de vocês mesmos!	206
Dia 27	Meu Pastor vigilante	213

Orientação — 219

Dia 28	Liderando com propósito	221
Dia 29	Seguindo o líder	229
Dia 30	Caminhos certos	236
Dia 31	Trabalhando juntos	243
Dia 32	Líderes dentro do rebanho	250
Dia 33	Produtividade	257
Dia 34	Reprodução	264
Dia 35	Pense em rebanho	271
Dia 36	Encontrando boa ajuda	278
Dia 37	Autoridade e abuso	285
Dia 38	Adaptabilidade e tomada de decisões	292
Dia 39	Estar presente	300
Dia 40	Lar	307

Epílogo — 314
Agradecimentos — 316
Sobre o autor — 318

INTRODUÇÃO

Ei, senhor! O que é que há para pesquisar sobre nós? Não somos nada! Sem casa, nem endereço, passamos a vida correndo atrás de ovelhas e cabras; dormindo ao relento, seja no inverno ou no verão, e durante as chuvas. Ano após ano, medimos o comprimento das estradas com os nossos pés, carregando nossos suprimentos em camelos e mulas. Sequer podemos descansar em um só lugar durante a semana. Então, por que perder o seu tempo e o nosso?

—ARUN AGRAWAL, *Greener Pastures* (Duke University Press, 1999)

Estas são palavras de jovens pastores de ovelhas que tentavam entender um estrangeiro investigando o seu modo de vida. Então, eles por considerarem a própria vida insignificante e enigmática, não entendiam o motivo que levaria alguém a estudá-la. Paradoxalmente, essa vocação — à margem da sociedade e mais antiga do que a civilização — fornece a chave para se compreender a liderança nos dias de hoje. Não apenas a liderança de modo geral, mas também a liderança bíblica.

As próximas páginas oferecem um acesso pessoal à vida de genuínos pastores de ovelhas: pastores de muitos países do Oriente Médio, de outros, e de vários períodos históricos[1]. Os tipos de pastores de ovelhas, os quais, a Bíblia cita bastante. Este livro resultou da minha própria imersão na vida deles, enquanto investigava o contexto e o significado das constantes imagens pastoris nas Escrituras. Eu queria conhecer, em primeira mão, o tecido cultural dessa importante metáfora a fim de transmitir verdades profundas e atemporais sobre a liderança.

Tal oportunidade surgiu quando usufruí de uma licença sabática no Instituto W. F. Albright de Investigação Arqueológica em Jerusalém. Conciliando a pesquisa bibliográfica com pesquisas de campo em Israel, na Jordânia e no Sinai, comecei a desvendar a metáfora que tem iluminado o trabalho de líderes durante milênios. Aprendi a amar os desertos e as regiões inóspitas onde as tribos beduínas[2] criam os seus rebanhos. Estou em dívida com muitos deles por terem me acolhido em suas tendas e aberto seus

mundos para mim. Os comentários deles sobre as implicações e o cotidiano do trabalho dos pastores começaram a moldar, de forma inesperada, a minha compreensão das passagens bíblicas sobre liderança.

Por meio deste livro, convido outros cristãos a entrarem no deserto a fim de refletirmos juntos sobre nossa vida e trabalho enquanto pastores. Aproveite esta oportunidade para meditar sobre o seu divino Pastor e a sua vocação como ajudante dele. O ideal é você reservar 40 dias para fazer esta jornada. Começaremos cada dia com um breve capítulo, cada um deles incluindo fotografias, trechos de entrevistas, percepções bíblicas e perguntas instigantes. Permita que este livro guie a sua estadia pessoal no deserto.

Quarenta é um número significativo na Bíblia, especialmente em ambientes desérticos. Moisés passou 40 dias em jejum no topo do monte Sinai, enquanto Deus escrevia a Sagrada Lei para o Seu povo. Israel passou 40 anos em um deserto desolado, privado de coisas básicas da vida, para aprender a depender de Deus e de Sua palavra. Foram 40 anos em um ambiente intencionalmente escolhido por Deus, a fim de que Ele revelasse Sua vontade e o Seu caráter e moldasse a vontade e o caráter humanos. No início do Seu ministério, Jesus passou 40 dias no deserto. Quarenta dias de jejum e reflexão solitária em oração. Talvez você possa optar por jejuar de alguma forma durante o período de leitura deste livro.

Foi no deserto que Deus se revelou repetidamente como Provedor, Protetor e Guia. Estes três papéis principais de um pastor organizarão a estrutura geral das reflexões nesta obra. Você encontrará 13 capítulos dedicados a cada um deles.

Cada capítulo apresenta três seções: *Observações* (indicadas pelo símbolo do cajado), onde é abordado algum aspecto da vida tradicional dos pastores; *Investigações* (indicadas pelo símbolo do rolo) onde são mencionadas passagens bíblicas relacionadas ao assunto; *Implicações* (indicadas pelo símbolo da sandália), onde se encontram perguntas e cenários contemporâneos para a nossa reflexão contínua. Não há dúvida de que, durante sua leitura, surgirão outras ideias e questionamentos. Registre-as no fórum *The Tent* (A Tenda) em www.ShepherdLeader.com ou mantenha um diário escrito, detalhando as aplicações ao seu próprio contexto de liderança.

Embora este livro tenha uma relevância óbvia e direta para pastores e presbíteros, frequentemente uso os termos *líder* e *comunidade* para evitar restringir tais implicações à vida congregacional. Cristãos que servem em qualquer ambiente, em posições em que são responsáveis por algo, acharão o conteúdo relevante, pois estruturado ou não, grande ou pequeno, todo grupo é uma comunidade. E toda comunidade tem líderes. E todos os líderes são pastores de ovelhas. Pastores e políticos. Executivos de empresas e pais que ficam em casa. Capelães e instrutores. Professores e profissionais de *Hospice*[3]. Mestres de obra e secretários municipais. Virtualmente todos nós somos pastores, responsáveis perante Deus pela forma como tratamos e guiamos aqueles que estão sob os nossos cuidados. Os pastores deveriam pensar em suas congregações não apenas como "ovelhas" (e "cabras"), mas também como pastores de ovelhas que trabalham entre os seus próprios rebanhos.

A minha experiência como pastor inclui uma grande variedade de locais. Liderei clubes infantis, grupos de jovens, estudos bíblicos em bairros e campanhas evangelísticas. Administrei um lar para estudantes internacionais e uma casa de assistência social para imigrantes idosos. Fundei organizações sem fins lucrativos e fiz parte da diretoria. Ensinei nos Estados Unidos, na Europa e na Ásia, servindo em organizações paraeclesiásticas, denominações e igrejas locais. Há décadas que formo seminaristas, maravilhando-me com a espantosa diversidade de comunidades para as quais Deus chamou líderes pastores. Devo admitir que o ambiente mais desafiador para o meu próprio pastoreio tem sido em casa. As implicações desse livro muitas

vezes me confrontaram, primeiramente, de forma bastante pessoal, no contexto do meu casamento e vida familiar.

Nas páginas que se seguem, você não será simplesmente confortado por pensamentos inspiradores e imagens de cenas pastoris. A Bíblia não oferece a metáfora do pastor como um exercício de arte literária, mas sim para ensinar sobre liderança: a divina e a humana. Na verdade, as imagens do pastor são utilizadas sobretudo em críticas à má liderança humana. As imagens verbais — fundamentadas em realidades culturais — ajudam a criar um padrão incontornável de liderança responsável. Essas imagens dirigiam-se ao seu público original em termos muito sérios. Tal como as parábolas, as metáforas obrigam as pessoas a pensarem, a sentirem e a agirem de forma diferente. A metáfora do líder-pastor continua a ser um desafio abrangente na atualidade. Por favor, junte-se a mim e aceite esse desafio.

NOTAS

Epígrafe. Falada pelos pastores Riaka do Rajastão ocidental, na Índia. AGRAWAL, Arun. *Greener Pastures: Politics, Markets, and Community among a Migrant Pastoral People* (Pastos mais verdes: Política, Mercados e Comunidade em um *povo pastoral migrante*). Durham, NC: Duke University, 1999, p. 1.

[1] Embora os tempos e os costumes mudem, um conjunto de práticas e perspectivas notavelmente persistente é comum entre os pastores.

[2] Os beduínos (tanto no singular como no plural) são grupos tribais nativos do Oriente Médio. As primeiras referências aos "beduínos" datam de Ebla, no terceiro milénio a.C. Dos quatro a cinco milhões de beduínos que vivem atualmente, apenas cerca de 10% vivem segundo as formas tradicionais descritas neste livro.

[3] N.E.: Instituições especializadas, comuns na América do Norte e na Europa, que oferecem assistência médica, pessoal e diferenciada, a doentes terminais bem como a pessoas que dependem de cuidados especiais. Seus ambientes são estruturados para se parecer o máximo possível com um lar.

...como noiva, você me amava
e me seguia pelo deserto.
Jeremias 2:2

Dia 1

NATUREZA SELVAGEM

Nossa primeira impressão dos desertos e da natureza selvagem é a monotonia visual. As sombras arrastam-se pelos vales cobertos de pedras. O terreno cor de areia, torna-se brilhante pelo Sol escaldante. Somente depois de nos adaptarmos ao seu ritmo sem pressa é que reconhecemos mudanças sutis e contínuas. Superfícies de vegetação espalhadas ao redor de ocultas fontes de umidade. Animais que se escondem durante o dia emergem ao anoitecer. A noite repleta de estrelas destaca contornos surreais na paisagem. Com o tempo, ficamos hipnotizados pela vasta e estéril grandeza do local.

Embora uma paisagem desértica possa atrair o recém-chegado a um transe romântico, depressa descobrimos que esse ambiente é feroz e inóspito, conhecido por drásticos extremos. O seu calor pode ser avassalador, como uma vez aprendi de forma dramática. Nossa equipe de quatro pessoas deixou Jerusalém antes do amanhecer para caminhar até um mosteiro remoto no deserto da Judeia. O caminho escolhido foi o vale de Cedrom, cenário da parábola do bom samaritano (Lucas 10:25-37) Era uma manhã escaldante de julho e, às 10 horas, eu estava desidratado na fornalha da natureza. "Havia fogo em volta, fogo embaixo e o Sol em cima."[1] Nossas garrafas de água estavam vazias. As laranjas tinham acabado. E nós também. *Khalas*, em árabe. "Acabados". Os beduínos dizem: "O balde da sede não tem corda".[2]

Cheguei ao mosteiro com um calor sufocante e uma tremenda enxaqueca e desmaiei à sombra da entrada do mosteiro. Minha única esperança de sair dali era um *Sherut* (van contratada e compartilhada com outros viajantes) que chegou ao meio-dia. Cheio de turistas franceses com uma tarifa de ida e volta, não havia lugar para alguém doente como eu. Implorei por espaço — nem que fosse no bagageiro. E uma hora depois saí, pendurado sobre as malas, segurando o bagageiro aberto, arfando por ar. A temperatura era de 51°C.

Inacreditavelmente, as temperaturas no deserto podem descer mais de 26°C em pleno inverno. A fornalha transforma-se em um congelador. Inquietos e trêmulos, os habitantes das tendas aquecem suas fogueiras durante as noites sem dormir. Ao amanhecer, os pastores interrogam-se sobre o que terão sacrificado à escuridão gelada. No inverno rigoroso de 1945–46, os nômades da Argélia perderam metade dos seus rebanhos devido ao frio. Um espectador sóbrio recorda uma tragédia semelhante na Palestina: "Ainda me lembro de como aquelas pobres ovelhas morreram às dezenas enquanto os seus donos as olhavam, sem poder fazer nada por elas"[3]. O deserto é um lugar de morte.

As mudanças de temperatura são suportáveis, mas não quando acompanhadas pela praga mais temida do deserto — a seca. Podem se passar anos tendo apenas gotas de orvalho como umidade. Nos territórios dos beduínos, a chuva adequada pode cair numa média de três anos em dez. Entre 1958 e 1961, a Síria perdeu 50% das suas ovelhas e 85% dos seus camelos devido a invernos sem chuva. Um poeta lamentou:

Cantados pelas chamas de uma brisa quente vinda do sul, ...
Animais emaciados numa terra seca;
As chamas do calor abrasador estão a lamber o
coração deles;
Não há nada para comer, exceto ramos carbonizados da
árvore wahat.[4]

O *Hamsin* é outro fenômeno sazonal imprevisível. Este temido furacão de areia pode atravessar um acampamento durante dias, dizimando qualquer vida desprotegida. Como observa um antropólogo: "Veem-se finos grãos de terra surgindo e colidindo uns com os outros, grãos e partículas que atingem o rosto como um chicote, ressecam a garganta e minam a força da alma. A poeira crescente cega os olhos, e os animais vagueiam numa total confusão"[5].

A paisagem aumenta o perigo pela sua capacidade enganadora de parecer familiar e desconhecida a cada instante. Podemos nos perder a poucos minutos das tendas ou vaguear para longe de casa sem nos darmos conta disso.

O deserto está presente em muitas narrativas bíblicas. A Península do Sinai, o Negev e os desertos de Zim, Parã e Judá são zonas áridas para onde fugiram Moisés e Davi, e para onde Jesus se isolou para orar.

No entanto, mesmo o deserto mais desolado oferecia um oásis espiritual para o chamado, a revelação e a intimidade. A raiz da palavra hebraica para "deserto", *midbar*, significa "palavra".

Após quatro décadas de caminhada nesse inóspito terreno, o pastor Moisés encontrou-se com Deus em Sua sagrada casa na montanha. Moisés foi chamado para libertar Israel da escravidão opressiva da sociedade egípcia e levá-lo de volta a essa remota montanha, onde Deus daria ao Seu povo palavras de vida.

Após receber as leis de Deus no Sinai, Moisés pastoreou o rebanho humano de Deus durante 40 anos no selvagem deserto do Negev, onde depender de Deus era imperativo.

Lembrem se de como o SENHOR, o seu Deus, os conduziu por todo o caminho no deserto, durante estes quarenta anos [...]. Ele humilhou vocês e os deixou passar fome. Depois, sustentou os com maná [...] para mostrar lhes que nem só de pão viverá o homem, mas de toda palavra que procede da boca do SENHOR.
Deuteronômio 8:2-3

O profeta Oseias compreendeu que Deus atraiu deliberadamente o Seu povo para regiões desérticas onde o pediu em casamento (veja Oseias 2:14-16). Somente nesse ambiente remoto e isolado é que eles poderiam compreender o amor do Senhor por eles — e a extrema necessidade que tinham dele.

O ministério de Jesus foi inaugurado com uma demonstração de afirmação divina no rio Jordão. O Espírito Santo desceu sobre Ele em forma de uma pomba, mas depois o conduziu abruptamente ao deserto para suportar uma forte tentação. Simbolicamente, Jesus reviveu o desafio no qual o povo de Deus havia falhado. À semelhança dos 40 anos de peregrinação deles, Jesus passou 40 dias sustentado exclusivamente pela palavra de Deus. Biblicamente, o deserto é um lugar de solidão dependente, disciplinada e purificadora, onde se deve confiar em Deus. Os desertos levam as pessoas rapidamente ao fim de sua autossuficiência e independência.

O deserto está também associado a grandes expectativas. É o *tohu wavohu* ("ausência de forma, vazio")[6] no qual Deus fala de uma nova criação. As promessas proféticas de uma renovação dramática do Israel exilado foram acompanhadas por imagens de um deserto coberto de flores, onde corriam rios de água viva. O ministério de Jesus abriu um "caminho [...] no deserto" (Isaías 40:3), uma paisagem espiritualmente estéril onde pessoas ameaçadas e sedentas ansiavam por um novo Éden.

A vida dos líderes pode se tornar um deserto quando as experiências expõem nossa existência frágil e ténue. Episódios de perplexidade, abandono e terror interior revelam os desejos inquietos e a necessidade fundamental da nossa alma.

No deserto, podemos perder o rumo.

Ou recuperá-lo.

O deserto pode ser um catalisador tão bom que podemos criar um voluntariamente com o objetivo de recarregar o nosso relacionamento com Deus. Podemos sustar o calendário e desligar os aparelhos eletrônicos para passar algum tempo sem interrupções em um ambiente que nos isole em Sua presença. Esse diário pode refletir uma escolha deliberada e intencional de nos encontrarmos com Deus.

Preparemo-nos para a nossa viagem, esperando que Deus nos revele a Sua Palavra, dê-nos a visão de nossa alma e nos purifique espiritualmente nessa fornalha divinamente selecionada. Devemos abandonar nossas "coisas", removendo todas as distrações, e prepararmo-nos para a quietude. Deus honrará a nossa escolha de o encontrar a sós no deserto durante esses 40 dias.

NOTAS

[1] BLUNT, Lady Anne. *Bedouin Tribes of the Euphrates* (Tribos beduínas do Eufrates). Nova York: Harper & Brothers, 1879, p. 340.

[2] BAILEY, Clinton. *A Culture of Desert Survival: Bedouin Proverbs from Sinai and the Negev* (Uma cultura de sobrevivência no deserto: provérbios beduínos do Sinai e do Negev). New Haven: Yale University Press, 2004, p. 19.

[3] SHIRLEY, Kay. *The Bedouin* (Os beduínos). Nova York: Crane, Russak, 1978, p. 36.

[4] KURPERSHOEK, P. Marcel (ed.). Oral Poetry and Narratives from Central Arabia (Poesia oral e narrativas da Arábia Central), vol. 1, *Poetry of ad-Dindan*. Leiden, Holanda: E. J. Brill, 1994, p. 139.

[5] JABBUR, Jibrail S. *The Bedouins and the Desert: Aspects of Nomadic Life in the Arab East* (Os beduínos e o deserto: Aspectos da vida nômade no Oriente Árabe). Nova York: State University of New York Press, 1995, p. 50-51.

[6] Essa expressão hebraica onomatopaica é retirada de Gênesis 1:2.

*Darei a vocês pastores segundo o meu coração,
que os apascentem com conhecimento e com inteligência.*
Jeremias 3:15 (NAA)

Dia 2

O CORAÇÃO DO PASTOR

Durante minhas entrevistas na Jordânia, em Israel e no Sinai, fiz o maior número possível de perguntas abertas. Não queria que minhas ideias preconcebidas, sobre o pastorício, influenciassem a minha investigação. Uma das minhas perguntas mais comuns era: "O que é preciso para ser um pastor?".

Ouvi muitas respostas, algumas das quais compartilharei nos próximos capítulos. Khaled disse que era preciso crescer em uma família de pastores. Outros sugeriram que eu poderia aprender em poucos meses se trabalhasse para um proprietário que supervisionasse o meu trabalho. Ninguém tinha um currículo, de fato, apenas um aprendizado de longa data.

Uma das respostas mais memoráveis veio de um beduíno jordaniano, Abu-Jamal. Sentado comigo em sua tenda, ele ponderou antes de responder. "O que realmente importa é que se tenha o coração para isso. Se tiver, pode começar amanhã". Depois, olhou-me diretamente nos olhos e disse: "Acho que você tem o coração para isso".

Agradeci o elogio, imaginando se era mais do que mera bajulação.

Um momento depois, Abu-Jamal se entregou a uma tristeza pessoal e fez outro elogio. Meu filho de 13 anos, Jesse, havia iniciado essa conversa conosco, tomou um gole de café educadamente e estudou o fuzil Kalashnikov pendurado na barraca. Mas agora ele estava brincando com os rebanhos. Abu-Jamal falou de um pai para outro. "Meus filhos não têm coração para esse trabalho, portanto não merecem o negócio. Venderei os rebanhos para outra pessoa antes de deixar minhas ovelhas para quem não se importa com elas."

Ele me olhou nos olhos novamente e disse: "Seu filho tem o coração para os animais. Posso ver isso. Diga a ele que pode vir morar comigo. Eu lhe darei 200 ovelhas, uma esposa e uma boa educação jordaniana em qualquer escola que ele quiser".

A imagem de Jesse como um pastor jordaniano era divertida, mas Abu-Jamal não parecia estar brincando. "Peça a Jesse para pensar sobre isso e me dê uma resposta amanhã."

Jesse ficou surpreso com a oferta e pareceu desconfiado com os detalhes. Depois de olhar para uma das jovens filhas que poderia estar no negócio, ele recusou educadamente quando perguntado. Abu-Jamal entendeu, mas nos fez prometer "com nosso nariz" que apareceríamos para um banquete quando voltássemos ao país. Eu lhe fiz o sinal de despedida enquanto voltávamos para o carro.

Nunca saberei quão séria era a oferta do meu amigo beduíno, mas sempre me lembrarei de como ele valorizava o coração carinhoso de um pastor.

Os comentários de Abu-Jamal me fazem lembrar do provérbio: "O justo cuida bem dos seus animais" (Provérbios 12:10). A perspectiva do beduíno começou a iluminar outras partes das Escrituras para mim também.

Depois de séculos de fracasso na liderança no período do Antigo Testamento, Deus prometeu a Israel, por meio de Jeremias, que lhes daria "pastores segundo o [Seu] coração" (Jeremias 3:15 NAA). Deus observou os líderes da comunidade e, assim como meu anfitrião beduíno, decidiu que eles não mereciam o "negócio da família visto que não tinham o coração do Proprietário. A ira de Deus veio à tona novamente na pregação de Zacarias, pois "os pastores das ovelhas não se [compadeciam] delas". (Zacarias 11:5 NAA).

Em Ezequiel, a condenação divina aos líderes egoístas da nação é penetrante, enquanto a compaixão pelo rebanho é transparente.

Ai dos pastores de Israel que só cuidam de si mesmos! Acaso os pastores não deveriam cuidar do rebanho? Vocês comem a coalhada, vestem se de lã e abatem os melhores animais, mas não tomam conta do rebanho. Vocês não fortaleceram a fraca, nem curaram a doente, nem enfaixaram a ferida. Não trouxeram de volta as desviadas nem procuraram as perdidas; antes, têm dominado sobre elas com dureza e brutalidade. Ezequiel 34:2-4

Ezequiel, então, proclamou que Deus viria pessoalmente para cuidar do Seu rebanho.

Jesus veio como Deus, em carne e osso, expressando Seu amor pastoral a uma comunidade sem líder. "Ao ver as multidões, teve compaixão delas, porque estavam aflitas e desamparadas, como ovelhas sem pastor" (Mateus 9:36). A compaixão motivou o ministério de cura e libertação de Cristo, bem como o Seu ensino.

As preocupações compassivas do bom Pastor foram captadas por Seus seguidores. Paulo disse que a "preocupação com todas as igrejas" (2 Coríntios 11:28 NAA) era um peso diário. Em sua epístola aos Filipenses, ele elogia Timóteo dizendo: "Não tenho ninguém que, como ele, tenha sincero cuidado por vocês" (2:20). Paulo exorta seus colegas de ministério "que admoestem os ociosos, confortem os desanimados, auxiliem os fracos, sejam pacientes para com todos" (1 Tessalonicenses 5:14). Pedro insiste que trabalhar para o Supremo Pastor exige "o desejo de servir" (1 Pedro 5:2). O desejo de servir e nutrir é esperado de todo marido: "Maridos, cada um de vocês deve amar a sua esposa, assim como Cristo amou a igreja e entregou se por ela" (Efésios 5:25).

Os aspectos cuidadosos do pastoreio espiritual nas Escrituras são mais bem exemplificados nas funções sacerdotais. Embora nos lembremos principalmente do antigo clero de Israel como executores de animais, eles eram os cuidadores religiosos da comunidade. Os sacerdotes ajudavam seus companheiros de fé a acessarem a presença de Deus e anunciavam Seu perdão, discerniam a vontade de Deus, lideravam o povo de Deus na adoração e ensinavam a Torá a eles. Os sacerdotes eram reconciliadores, dispensadores da graça de Deus de forma concreta e tangível. Em Hebreus 2:17-18, o escritor descreve Cristo como o "sumo sacerdote misericordioso e fiel com relação a Deus" que se dispôs a sofrer pelos outros.

Quando considero o abrangente cuidado de *Jeová-Jiré* ("O Senhor proverá", Gênesis 22:14) em minha própria experiência, minha mente se volta imediatamente para a exposição mais intensa à provisão graciosa de Deus que minha esposa e eu já experimentamos.

Em um ano inesquecível, Maureen e eu nos aventuramos em uma jornada de fé, ministrando em uma dúzia de países asiáticos. Em todos os lugares que visitamos, Deus atendeu às nossas necessidades de maneira inconfundível. Lembro-me vividamente de entrar na China, na primeira semana de janeiro, com roupas adequadas para as tropicais Filipinas. Em nosso primeiro hotel, havia dois casacos de inverno, do nosso tamanho, no quarto! Perguntamos sobre elas na recepção, e eles pediram que ficássemos com o que os hóspedes anteriores haviam deixado. Tínhamos vindo para doar Igreja, e Deus parecia estar dizendo: "Deixem que eu cuide de vocês".

Chegando ao Japão no final daquela primavera com dinheiro suficiente para não mais do que uma semana, esperávamos fazer duas breves paradas e voar de volta para casa; mas Deus tinha outros planos. Durante os dois meses seguintes, ajudamos na plantação de uma igreja em Osaka e evangelizamos livremente nas aulas de inglês dia e noite. Quando estávamos nos preparando para partir, entregamos nossos contracheques e descobrimos que Deus havia providenciado a quantia exata de dinheiro que havíamos gastado durante todo o ano de viagem! Ele "pagou a conta" bem diante de nossos olhos. Pensamos naquele ano nos termos que Neemias usou para descrever a estadia dos israelitas no deserto: "nada lhes faltou, as roupas deles não se gastaram nem os seus pés ficaram inchados" (Neemias 9:21).

Quando voltamos para os Estados Unidos, um ministério "dos sonhos" nos aguardava. Como diretores de uma residência para estudantes internacionais, tivemos a oportunidade de compartilhar o amor de Cristo com aqueles que provavelmente nunca entrariam na casa de uma família cristã. Hospedamos 25 residentes com espaço para viajantes. Nós os alimentamos, os levamos em viagens e os ajudamos a lidar com a vida em um país estrangeiro. E, tanto em ocasiões casuais quanto planejadas, compartilhamos o evangelho com eles. Maureen e eu deixamos de ser cuidados para cuidar de outras pessoas.

Como nossa jornada nos próximos dias nos levará a vários tópicos sobre provisão, vamos considerar as maneiras pelas quais fomos cuidados, bem como as pessoas que Deus nos pediu que cuidássemos. Gosto muito de como Paulo coloca isso: "Bendito seja o Deus e Pai do nosso Senhor Jesus Cristo, Pai das misericórdias e Deus de toda a consolação, que nos consola em todas as nossas tribulações, para que possamos consolar os que estão passando por tribulações com a consolação que recebemos de Deus" (2 Coríntios 1:3-4).

O Senhor é o padrão e a motivação para a vida de um cuidadoso serviço.

*Escolheu o seu servo Davi e o tirou do aprisco
das ovelhas, do pastoreio de ovelhas, para ser o pastor de Jacó,
o seu povo, e de Israel, a sua herança.*

Salmo 78:70-71

Dia 3

CHAMADO PARA CUIDAR

O pastor Jamie e eu nos conhecemos em Israel durante o ano em que eu estava entrevistando pastores beduínos e estudando os recursos de subsistência deles. Embora o objetivo final da minha pesquisa fosse reconsiderar o que a Bíblia diz aos pastores espirituais, eu não havia planejado entrevistar pastores como parte da minha pesquisa de campo. Em uma reunião informal, quando eu menos esperava, a história de Jamie me convenceu novamente de que Deus pretende usar plenamente a imagem do pastor de ovelhas para moldar a identidade de Seu povo[1].

Em 1996, Jamie não estava querendo mudar de carreira, nem esperava que Deus falasse com ele de alguma forma misteriosa. Ele estava feliz com sua família, sua vida na igreja e seu emprego no sul da Inglaterra. Certo dia, enquanto caminhava para casa, olhou para a margem de um rio e viu um campo verdejante onde um pastor cuidava de seu rebanho. Quando parou para refletir sobre a cena, uma ovelha veio trotando em sua direção. Jamie começou a perceber que a ovelha estava indo em direção à margem do rio. Ele fez um gesto com as mãos para alertar o pastor, mas ele estava muito longe. Jamie então gritou com a ovelha para desencorajá-la a ir mais longe, mas a ovelha se arrastou até a beira do aterro e, sem hesitar, desceu a colina tropeçando no rio turvo.

Com uma grossa camada de lã encharcada pela água e pela lama, o animal começou a se debater. Sem poder fazer nada, seus cascos escorregadios procuravam em vão um apoio sólido. Com compaixão, Jamie tirou os sapatos e desceu o aterro em direção ao rio. Com os joelhos mergulhados na lama, ele também teve dificuldade. Contudo, vendo a situação patética da ovelha, ele persistiu em atravessar o rio para ajudá-la. Com muito esforço, ele puxou o animal para fora e subiu o precipício do aterro.

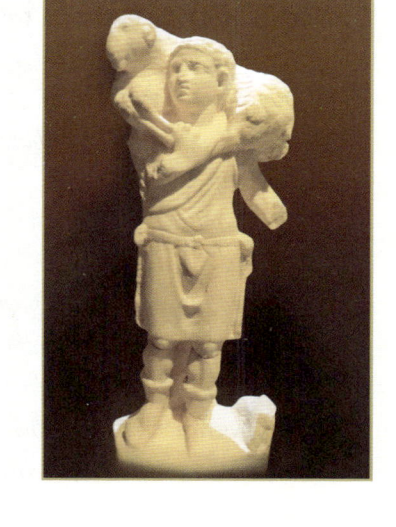

Enquanto o jovem empresário inglês caminhava pelo campo naquela tarde, com a pesada ovelha sobre os ombros, ele ouviu uma voz inaudível em seu coração. "Jamie, eis o meu plano para sua vida: resgatar minhas ovelhas perdidas, uma de cada vez." A mensagem foi simples e direta. E aquele momento mudou o curso de sua vida.

Seguindo seu chamado, Jamie lançou cautelosamente um ministério que agora atua em várias cidades do Reino Unido e da Austrália. Sua missão é simplesmente ministrar a qualquer pessoa que eles encontrem "perdida", uma a uma. Eles oferecem aconselhamento, moradia, alimentação, treinamento profissional e amizade.

O pastorício exige uma ampla gama de competências e tarefas, todas elas começando com um coração compassivo por ovelhas individualmente.

Era natural que Deus chamasse pastores de ovelhas para serem líderes de Sua comunidade. Davi, assim como Abraão e Moisés, era um pastor antes de ser convocado para o pastoreio espiritual. O cuidado está no centro de tudo isso.

*Escolheu o seu servo Davi
e o tirou do aprisco das ovelhas,
do pastoreio de ovelhas,
para ser o pastor de Jacó, o seu povo,
e de Israel, a sua herança.
De coração íntegro Davi os pastoreou;
com mãos habilidosas os conduziu.* Salmo 78:70-72

O comovente chamado de Davi, quando jovem, deixou uma lembrança inesquecível que o prepararia para os dias de dúvida que viriam (veja 1 Samuel 16). Mas as páginas das Escrituras estão repletas de histórias de personagens menos conhecidos que simplesmente responderam a um convite mais geral para servir o povo de Deus. Eles também se tornaram os copastores de Deus. Quando Jesus chamou um grupo de indivíduos comuns para servir com Ele, enviou-os como pastores espirituais "às ovelhas perdidas de Israel" (Mateus 10:6). Essa missão definiu o ministério deles como uma extensão do serviço pastoral do Senhor àqueles que estavam doentes e em cativeiro. O trabalho deles era um reflexo das preocupações do bom Pastor, que deu a vida pelo Seu rebanho (veja João 10:11). Todo discípulo era um pastor chamado para o árduo trabalho de cuidar das pessoas, de arcar com suas várias necessidades e de levá-las para Cristo, "o Supremo Pastor" (1 Pedro 5:4).

No início dessa temporada de reflexão, vamos nos lembrar do chamado para o nosso ministério particular. Nem todo mundo é chamado de forma tão radical quanto o pastor Jamie. Nem todo mundo é chamado para o ministério vocacional. Porém, algo na história dele nos recorda do que cada um de nós é chamado a fazer: sujarmo-nos ajudando as pessoas que Jesus veio resgatar. Você pode se lembrar de uma ocasião em que uma missão pessoal foi plantada em seu coração? Será que um inegável senso de destino único no Reino de Deus surgiu durante uma época específica da sua vida? Esse chamado espiritual, esse destino, essa identidade é mais transcendente do que uma descrição de cargo. É a missão de nossa vida.

Vamos nos reconectar com nossa experiência individual à "margem do rio" antes de prosseguirmos.

Para aqueles de nós que estão no campo há muito tempo, podemos estar cientes de grandes ajustes em nosso chamado ao longo dos anos. A visão original não se tornou o projeto detalhado que supúnhamos, e algumas das mudanças nos pegaram de surpresa. Como o pastoreio mudou em cada novo cenário? Em nossas novas atribuições, quais elementos centrais do chamado original permaneceram intactos?

Por fim, considere como Deus tem nos pastoreado durante tais mudanças. Ocasionalmente, temos sido a ovelha encharcada sobre seus ombros. Podemos aprender algo com a maneira como Ele nos chama... e nos chama novamente?

Infelizmente, embora muitos de nós tenhamos experimentado um forte senso de chamado no início de nossa vida, ficamos cansados "de fazer o bem" (Gálatas 6:9). Talvez a visão de nossa cultura sobre nosso trabalho tenha prejudicado nossa autoimagem, levando-nos a desejar um "emprego de verdade". A liderança é muitas vezes ingrata, com mais críticas e oposição do que jamais havíamos sonhado. Todos os dias, ministros desiludidos se afastam de um chamado que antes prezavam, mas que agora duvidam. Pais desaparecem dos lares com filhos que antes tinham a visão de discipular. Cuidadores de todos os tipos desistem de cuidar.

Que Deus use essa época de reflexão para nos inspirar novamente e renove o nosso vigor para servir o Seu rebanho, seja ele qual for.

NOTAS

[1] Outro pastor em Israel me contou que Deus o chamou para o ministério quando ele era pastor de cabras. A visão que ele teve naquela época foi a de pessoas servindo aos necessitados em uma tenda de oásis. Atualmente, ele lidera a *Tents of Mercy* (Tendas de misericórdia), uma congregação que segue essa visão, cuidando de imigrantes e pessoas pobres.

Águas irromperão no ermo, e riachos, no deserto.
Isaías 35:6

Dia 4

RIACHOS NO DESERTO

Os desertos e as regiões selvagens do Oriente Médio fornecem seu bem mais precioso apenas com relutância. Parece que as nuvens se esquecem da sua tarefa anual de transportar água para um cenário ressecado. Muitas plantas sobrevivem anos sem chuva apropriando-se da umidade do orvalho que permanece no solo rochoso. A rosa de Jericó é famosa por sua capacidade de existir por séculos, literalmente, sem uma gota de umidade.

Entretanto, os seres humanos e os rebanhos de animais não foram criados para sobreviver à seca. O medo dela nunca desaparece. Anos sem chuva trazem perdas devastadoras, especialmente entre as ovelhas que estão prenhas ou amamentando e seus filhotes. Uma seca de 8 anos sufocou a Península Arábica durante as décadas de 1950 e 1960. Milhares de animais morreram. Sem um pasto melhor em outro lugar, os pastores olhavam impotentes para os seus rebanhos que morriam de desidratação, como pedaços de lã sem vida espalhados pelo solo do deserto. O sustento deles evaporou sob o sol do deserto, diante de seus olhos.

Debilitados por conta do calor escaldante, os pastores oram pedindo chuva. O poeta ad-Dindan expressa a obsessão por chuva dos desertos árabes em seu pedido por uma tempestade de inverno antecipada:

> A ti peço uma noite que se estenda do Leste até al-Harrah,
> Anunciada por relâmpagos e trovões como sinais inconfundíveis;
> Uma noite coberta como se fosse um acampamento de tendas brancas...
> E entrecruzada por nuvens que se perseguem umas às outras como camelas brincando com suas crias.
> A chegada da nuvem de chuva anima os animais magros e debilitados
> E traz à tona a vida vegetal das planícies de cascalho vazias e estéreis.[1]

Imagine a angústia quando os relâmpagos brilham e os trovões se espalham, mas a chuva se recusa a cair. É possível que se passe um inverno inteiro dessa forma.

Quando o céu esvazia os baldes de água que geram vida, o desafio é administrar o acesso a eles. Uma explosão de nuvens a quilômetros de distância pode criar um rio em um *wadi* (vale) próximo, apenas para deixar novamente uma paisagem desidratada em poucas horas[2]. Ironicamente, os moradores do deserto temem uma inundação repentina nesses locais nada hidrofílicos quase tanto quanto a seca. No Sinai, cada grande tempestade resulta em inundações nos *wadi*[3]. Embora a garganta do salmista "esteja seca" em um ambiente inóspito, ele ora:

*Salva me, ó Deus,
pois as águas subiram até o meu pescoço!
Nas profundezas lamacentas eu me afundo;
não tenho onde firmar os pés.
Entrei em águas profundas;
as correntezas me arrastam.
Cansei me de pedir socorro;
a minha garganta se abrasa.
Os meus olhos fraquejam
de tanto esperar pelo meu Deus.* Salmo 69:1-3

Os pastores que anseiam por chuva podem se encontrar impotentes ao verem seu rebanho se afogar com suas orações atendidas. Os árabes do deserto dizem: "Não confie em três coisas: em um escravo, em um camelo no cio e em uma enchente"[4].

O que o pastor realmente deseja são as águas calmas que se seguem às chuvas. Pois as ovelhas podem se satisfazer com segurança nas poças e charcos que sobram depois que as enchentes escoam. Os pastores se preparam para essas irrupções de água criando represas e canais que levam a reservatórios temporários.

Com imagens de um deserto renovado, Isaías instigou gerações a ansiarem pela era messiânica:

*Águas irromperão no ermo,
e riachos, no deserto.
A areia abrasadora se tornará um lago,
e a terra seca, fontes borbulhantes.* Isaías 35:6-7

As secas espirituais e os perigos do deserto dariam lugar a flores silvestres e a fontes borbulhantes de bem-estar nacional. Uma chuva vivificante da graça de Deus reviveria um povo exilado em sua fome espiritual. A expressão mais vívida do poder revivificador da água viva é a visão de Ezequiel do rio de Deus restaurando à vida até mesmo o mar Morto (veja Ezequiel 47).

Infelizmente, a comunidade à qual os profetas bíblicos se dirigiam se satisfazia facilmente com substitutos.

> *O meu povo cometeu dois crimes:*
> *eles me abandonaram,*
> *a mim, a fonte de água viva,*
> *e cavaram as suas próprias cisternas,*
> *cisternas rachadas que não retêm água.* Jeremias 2:13

Nos tempos bíblicos, a água fresca, corrente e "viva" era preferida à água estagnada das cisternas. Séculos se passariam até que a "fonte" dela chegasse pessoalmente.

O Messias veio oferecendo a água viva que poderia saciar a sede da alma — "uma fonte de água a jorrar para a vida eterna" (João 4:14). Jesus audaciosamente prometeu que a pessoa vazia e sedenta poderia se tornar um reservatório de refrigério para os outros: "Se alguém tem sede, venha a mim e beba. Quem crer em mim, como diz a Escritura, do seu interior fluirão rios de água viva" (7:37-38). Talvez Ele tivesse isto em mente: "As palavras do homem são águas profundas, mas a fonte da sabedoria é um ribeiro que transborda" (Provérbios 18:4). Jesus estava conduzindo o povo à "fonte de Israel" (Salmo 68:26 ARC), onde, nas palavras do salmista, "os riachos de Deus transbordam" (65:9).

Em uma cena celestial surreal registrada em Apocalipse, o pastor divino sacia perpetuamente a sede de todos os que o adoram:

> *[Eles] estão diante do trono de Deus*
> *e servem a ele dia e noite no seu templo;*
> *e aquele que está assentado no trono*
> *os abrigará com a sua presença.*
> *Nunca mais terão fome;*
> *nunca mais terão sede.*
> *O sol não os afligirá*
> *nem nenhum calor abrasador,*
> *pois o Cordeiro que está no centro do trono*
> *os pastoreará;*
> *ele os guiará às fontes de água viva,*
> *e Deus enxugará dos seus olhos toda lágrima.* Apocalipse 7:15-17

Vamos considerar por um momento nossas próprias almas sedentas. O salmista expressa um anseio espiritual:

> *Todo o meu ser anseia por ti*
> *como em uma terra seca, exausta e sem água.* Salmo 63:1

Há quanto tempo não provamos desta água fresca e vital? Talvez tenhamos nos desidratado ao Sol enquanto fornecíamos água fresca para outras pessoas. Onde estão as águas tranquilas para nós? *Nossa própria sede saciada é a fonte de força, mais que sustentada, para servir aos outros.* "De tudo o que se deve guardar, guarde bem o seu coração, porque dele procedem as fontes da vida" (Provérbios 4:23 NAA).

E quanto aos nossos rebanhos? Eles estão bebendo regularmente de riachos serenos e doces, ou estão arfando enfraquecidos no calor? Temos canalizado a água para reservatórios protegidos a fim de que bebam tranquilamente?

Em nossos círculos de influência, inspiramos as pessoas o desejo por oásis espirituais?

Eu me pergunto se nossos rebanhos se sentem convocados às águas calmas ou empurrados para uma caudalosa turbulência.

Comecemos a pensar de forma honesta e construtiva sobre como reavivar e revigorar as pessoas que trabalham conosco. Toda organização, igreja, família, equipe ou comunidade cristã pode ser um reservatório de renovação — um lugar em que o Pastor celestial pode cumprir a Sua promessa de estabelecer riachos no deserto.

NOTAS

[1] KURPERSHOEK, P. Marcel (ed.). *Oral Poetry and Narratives from Central Arabia* (Poesia oral e narrativas da Arábia Central), vol. 1, *Poetry of ad-Dindan*. Leiden, Países Baixos, E. J. Brill, 1994, p. 107,109.

[2] Deus prometeu uma chuva torrencial quando os israelitas estavam atacando Moabe no deserto de Edom: "vocês não verão vento nem chuva; contudo, este vale ficará cheio de água" (2 Reis 3:17).

[3] MARX, Emanuel. *Oases in South Sinai* (Oásis ao sul do Sinai), *Human Ecology* 27, n. 2, 1999, p. 345.

[4] BAILEY, Clinton. *A Culture of Desert Survival: Bedouin Proverbs from Sinai and the Negev* (Uma cultura de sobrevivência no deserto: provérbios beduínos do Sinai e do Negev). New Haven: Yale University Press, 2004, p. 32. Observe, Jó compara seus amigos acusadores a "riachos que transbordam" (Jó 6:15).

Brote água, ó poço!
Cantem [...] a respeito do poço
que os príncipes cavaram.
Números 21:17-18

Dia 5

BROTE ÁGUA, Ó POÇO!

Fiquei especialmente interessado nos poços do deserto no Sinai quando meu filho e eu conhecemos Salima, que, com alguns colegas de trabalho, cavou um poço de 9 metros em um vale usando nada além de espátulas! Minha curiosidade ficou aguçada e fiz perguntas a ele por meio do meu intérprete: "Como você sabia onde cavar? Você teve alguma dúvida a 3 metros de profundidade? E a seis?".

Para a primeira pergunta, Salima apontou para a vegetação próxima. As plantas específicas que cresciam ali eram sinais de água sob a superfície do piso de cascalho do *wadi*. Em seguida, ele apontou para as paredes do *wadi*. Embora no início tudo o que víssemos fosse um estéril e monótono marrom, acabamos por distinguir a linha escura de xisto não poroso que descia em ziguezague pelas paredes do *wadi*, apontando para o local onde eles cavaram. Obviamente, conhecimento e perseverança são requisitos para a sobrevivência nessa parte do mundo. Desde então, fiquei sabendo que alguns poços no deserto podem ter 21 metros de profundidade ou mais.

Os pastores são engenhosos quando se trata de encontrar, manter, conservar e proteger suas fontes de água. Eles usam cisternas naturais e constroem suas próprias barragens, cisternas, poços e "cadeias de poços" conectados que alimentam uns aos outros[1]. O explorador tcheco do século 19, Alois Musil, listou 45 nomes árabes para diferentes tipos de estruturas de retenção de água naturais, aprimoradas ou totalmente artificiais[2]. Incrivelmente, as cisternas brutas podem armazenar água de uma inundação no deserto por até dois anos[3]. Os beduínos as cobrem com pedras pesadas para evitar evaporação, contaminação e roubo de água. As tampas de pedra também impedem que animais sedentos se empurrem para dentro do poço de água. Já ouvi falar de crianças que foram empurradas para dentro de poços por um rebanho sedento.

A água raramente é acessível sem conhecimento e trabalho árduo. A fonte de água mais preciosa é o oásis, com fontes subterrâneas que alimentam um próspero jardim tropical em meio a um deserto estéril. Mas até mesmo essas fontes podem estar contaminadas[4]. Para os pastores habilidosos, existem outros meios de encontrar água retida pela natureza. Às vezes, eles localizam água que passou por rochas porosas e se acumulou em piscinas ocultas. Entretanto, a maneira mais comum de se obter água subterrânea é a mais difícil: cavar poços. Atualmente, os desertos da Arábia Saudita estão repletos de mais de 700 *makhafir* (poços feitos pelo homem) que contêm de cem mil a um milhão de galões de água[5].

Há muitas histórias de conflitos por causa de poços na tradição árabe. Um autor afirma que esse é o terceiro tema favorito nos populares contos beduínos (depois de roubos e invasões)[6]. As histórias de poços também aparecem nas narrativas patriarcais na Bíblia, algumas perto de *Beer-Sheva* — literalmente "Poço do

Juramento"[7]. Você pode imaginar a alegria de Isaque com as palavras de seus servos: "Achamos água!" (Gênesis 26:32). Mas a reabertura dos poços de Abraão por Isaque provocou um ataque dos pastores locais de Gerar. Depois dos servos de Isaque cavar novos poços, eles também foram contestados com a alegação: "A água é nossa!" (v.20).

Embora as disputas por fontes de água sejam constantes, uma tradição beduína muito difundida permite que os pastores, de passagem, parem para dar água aos seus rebanhos em um poço particular; porém, apenas uma vez. Esse costume reflete uma admissão tácita de que um dia esses mesmos proprietários podem vir a precisar da hospitalidade de alguém. Acho que o provérbio: "Faça um amigo antes que precise de um", explica boa parte desse tipo de generosidade no deserto. Teologicamente, no entanto, o costume reflete o reconhecimento de que tudo o que temos, em última análise, vem de Deus.

Enquanto caminhávamos pelo Sinai, não pude deixar de pensar em um homem da Bíblia que encontrou água nessas montanhas. Há cerca de 3500 anos, sete filhas de Jetro, um sacerdote midianita, foram dar de beber a seus rebanhos em um poço próximo ao monte Sinai, mas encontraram pastores abusivos que queriam expulsá-las dali. Para surpresa delas, um egípcio veio em seu socorro e deu de beber a seus rebanhos (veja Êxodo 2). Esse gesto deu início a um longo relacionamento entre Moisés, antigo príncipe do Egito, e a família de Jetro. Também deu início à carreira de 40 anos de Moisés como pastor nos desertos das imediações do Sinai. Como qualquer pastor novato, Moisés aprendeu a manter um rebanho vivo e próspero nesse ambiente hostil. Seu treinamento necessariamente envolvia aprender sobre as fontes secretas de água.

Mais tarde, Deus lançou Moisés em outra carreira de 40 anos como pastor espiritual de uma nação. Grande parte de sua experiência entre os rebanhos de Jetro certamente ajudou a moldar a compreensão dele sobre liderança. No entanto, o conhecimento dele acerca do pastorício também o colocou em apuros.

Moisés, em Êxodo 17, recebeu a ordem de golpear uma rocha em Horebe (outro nome para o monte Sinai) para prover água ao sedento povo de Deus. Como as montanhas da Península do Sinai são feitas de granito não poroso, Moisés só podia confiar em Deus para obter esse milagre. Quando a água jorrou da rocha, todos souberam, inclusive Moisés, que se tratava de uma maravilha divina (veja Salmo 114:8).

Uma história semelhante em Números 20 é frequentemente confundida com essa. Dessa vez, Moisés foi solicitado a falar com a rocha e, em vez disso, ele a golpeou, incorrendo no julgamento de Deus sobre ele. O instantâneo jorrar de águas satisfez a sedenta multidão, mas o veterano líder de Israel não teria permissão para entrar na Terra Prometida.

A maioria de nós estremece com o julgamento severo sobre Moisés. Afinal, Deus não havia ordenado que ele batesse em uma rocha antes? Sim, mas nesse segundo caso, eles estavam ao norte da Península do Sinai, no deserto de Zim, onde a rocha é um tipo poroso de calcário (marga). Ali, a água se acumula em poças escondidas, vaza ao longo de costuras naturais e escorre pelas paredes. Moisés repreendeu o povo com uma pergunta retórica: "Escutem, rebeldes, será que teremos que tirar água desta rocha para dar a vocês?" (Números 20:10). Com raiva, Moisés bateu duas vezes na pedra calcária com seu cajado, provavelmente onde o pastor experiente reconheceu a evidência de infiltração anterior. Ele provavelmente quebrou um tampão calcificado que havia se formado sobre uma das torneiras da natureza. Em vez de um milagre, Moisés usou um antigo truque de pastor de ovelhas, e Deus não foi honrado como a fonte de água. Por essa razão, ele foi julgado: "Como vocês não confiaram em mim para me santificar à vista dos israelitas, não conduzirão esta comunidade para a terra que dou a vocês" (v.12).

A escavação de poços tem implicações pessoais. Reencontrei um amigo de infância cuja fé estava enfraquecida. Em suas palavras: "Parei de ler minha Bíblia porque não conseguia nada com ela. A oração não me levava a lugar algum. Na igreja, eu estava apenas fazendo as coisas de qualquer jeito". Durante a conversa que se seguiu, sugeri que os anos de escola cristã e igreja haviam criado um desafio espiritual maior para nós do que para aqueles que não tinham base alguma. Parece que precisamos orar, ler e refletir mais, e não menos, pois essas ações podem facilmente se tornar rituais rotineiros e sem sentido. Temos que continuar cavando porque sabemos onde está a água. Só que, às vezes, ela é mais profunda do que desejamos.

As histórias de escavação de poços nos lembram que o conhecimento, a habilidade e a perseverança de um pastor são necessárias para acessar recursos para os nossos rebanhos. Liderar significa saber onde e como cavar. Entretanto, assim como a chuva, toda necessidade que sustenta a vida acaba caindo do Céu. A pergunta que para nós fica é esta: Direcionamos a atenção daqueles a quem servimos para a Fonte ou, às vezes usamos com exasperação os "truques" de nossas habilidades e estratégias para realizar o divino trabalho? Paulo resistiu a esses impulsos, agarrando-se nitidamente à promessa divina: "para que a fé que vocês têm não se fundamentasse na sabedoria humana, mas no poder de Deus" (1 Coríntios 2:5). *Liderar significa confiar*.

NOTAS

[1] Para fotos de correntes de poços, veja EVANARI, Michael; SHANAN, Leslie; e TADMOR, Naphtali. *The Negev: The Challenge of a Desert* (Negev: O desafio de um deserto). Cambridge, MA: Harvard University Press, 1971.

[2] MUSIL, Alois Musil. *The Manners and Customs of the Rwala Bedouins* (Os modos e costumes dos beduínos Rwala). Nova York: American Geographical Society, 1928, p. 676-684. Cf. LANCASTER, William e LANCASTER, Fidelity. *Limitations on Sheep and Goat Herding in the Eastern Badia of Jordan: An Ethno-Archaeological Enquiry* (Limitações ao pastoreio de ovelhas e cabras no leste de Badia, na Jordânia: uma investigação etno-arqueológica). *Levant* 28 (1991), p. 128.

[3] EVANARI, SHANAN e Tadmor. *The Negev* (Negev: O desafio de um deserto), p. 161. Observe que Uzias fez muitas cisternas no Negev (veja 2 Crônicas 26:10).

[4] Êxodo 15:22-27; Provérbios 25:25-26; Ezequiel 34:18-19; Tiago 3:11-12.

[5] VIDAL, F. S. *Utilization of Surface Water by Northern Arabian Bedouins* (Utilização de água de superfície pelos beduínos do norte da Arábia) em GONZALES, Nancie L. (ed.) *Social and Technological Management in Dry Lands: Past and Present, Indigenous and Imposed.* Boulder, CO: Westview Press, 1978, p. 118.

[6] JABBUR, Jibrail S. *The Bedouins and the Desert: Aspects of Nomadic Life in the Arab East* (Os beduínos e o deserto: Aspectos da vida nômade no Oriente Árabe). Nova York: State University of New York Press, 1995, p. 408.

[7] *Beer-Sheva* também pode significar "Sete poços". Os beduínos dizem que há apenas cinco poços que não secam no Negev, a maioria deles perto de *Beer-Sheva*. Em toda a região do Negev, só existem verdadeiros cursos d'água perenes em Ein Avdat e Kadesh Barnea. Veja MARX, Emmanuel. *Bedouin of the Negev* (Beduínos do Negev). Manchester: Manchester University Press, 1967, p. 24-25.

Mas trarei Israel de volta à sua própria pastagem; ele [...] saciará o seu apetite.
Jeremias 50:19

Dia 6

PASTOS VERDEJANTES

Depois de um dia de entrevistas de campo, meu intérprete Muaz levou meu filho e eu de volta à sua casa para uma refeição de boas-vindas com arroz e frango. Perguntei se sua avó, idosa e viúva, que mora nas proximidades, poderia responder a algumas perguntas sobre a tradicional vida dos pastores. Muaz disse que ela ficaria feliz em fazê-lo. Depois do jantar, caminhamos até a pequena casa de alvenaria em que residia Uma-Nabila, e lá conheci uma mulher que já estava acostumada com um século de vida ao sol. Eu estava bastante ansioso para conhecer a perspectiva feminina sobre o pastorício e para ter um vislumbre da vida no início do século 20.

O que mais me surpreendeu na conversa foi a naturalidade com que Uma-Nabila se referiu a viagens que fez quando era menina, há 90 anos. Sua família vivia em tendas e cavernas no que hoje é a Jordânia, deslocando-se para onde a relva era boa e era possível fazer acordos a fim de obter pastagens. Eles respeitavam o antigo sistema *Hima*, que protegia os campos comuns contra o uso excessivo das pastagens[1]. Alguns pastos próximos poderiam ser adequados para o pastoreio a curto prazo, mas eram protegidos pelos líderes tribais para garantir estabilidade a longo prazo.

Perguntei a Uma-Nabila até onde sua família se deslocava antes da definição das atuais fronteiras nacionais. Ela disse que eles se deslocavam por toda parte e, por vários anos, moraram perto de Hebron. Esse antigo vilarejo, conhecido pelos pastores patriarcais da Bíblia, fica no lado oeste do mar Morto, em uma região completamente diferente[2]. Em minhas viagens, conheci outros pastores que se deslocavam da Arábia Saudita até a Síria. Desde então, descobri que, impulsionadas pela perspectiva da fome, as tribos de pastores viajam aproximadamente 250.000 quilômetros por ano com este objetivo em mente: pastos verdejantes. Quando os pastos florescem em outro lugar, a notícia se espalha rapidamente entre os desesperados pastores[3]. Um poeta-olheiro corre com a mensagem: "Siga-me para terras alimentadas pela chuva, ainda intocadas por qualquer criatura, exceto a cotovia que enche o ar com suas melodias enquanto mergulha e gira acima de uma terra que floresceu"[4]. Um pastor-poeta que conhece a dureza da seca que causa a morte, canta sobre a perspectiva da capacidade de produção de sementes de uma tempestade:

> Os vales encharcados por decreto do Todo-Poderoso
> imediatamente ganham vida...
> Junto com a precipitação, Deus envia as frescas sementes
> de plantas anuais...
> A terra, antes um deserto estéril, vestiu-se de brotos verdes
> E floresceu depois que Deus lavou sua crosta da sujeira.[5]

A noção de deuses e reis fornecendo pastos verdejantes a seus súditos era muito difundida no mundo antigo. Um refrão comum em hinos reais era o pedido: "Que o povo se deite em pastos verdejantes sob o seu reinado, [desfrutando de] abundância"[6]. Na ascensão de um famoso governante acádio: "Todas as terras estavam deitadas em pastos verdejantes, seu povo experimentava felicidade. Seu rei, o pastor Naram-Sin, (ergueu-se como o sol no trono sagrado...)"[7].

Descobri recentemente que o nome Éden vem de uma palavra acadiana que se refere a uma área selvagem verdejante[8]. Um deserto repleto de grama verde é o paraíso que todo pastor almeja, um vislumbre do paraíso primevo de Gênesis 1 e 2. Nessa paisagem viva, o salmista vê rebanhos e plantas cantando louvores ao seu Criador:

> *Os campos se revestem de rebanhos,*
> *e os vales se cobrem de trigo;*
> *eles exultam e cantam de alegria!* Salmo 65:13

O Salmo 23 menciona pastos verdejantes e uma "mesa" preparada em um ambiente hostil. Talvez o autor tivesse em mente as planícies do deserto, cercadas por colinas, onde os predadores rondavam. Em sua estadia no deserto, os israelitas duvidaram que Deus pudesse prover para eles, assim perguntaram: "Poderá Deus preparar uma mesa no deserto?" (Salmo 78:19). O salmista conhece o divino Pastor e sabe que Ele pode e assim fará. O Salmo 23 termina com uma imagem da residência permanente da ovelha na casa do seu anfitrião.

O salmista provavelmente estava ansiando pelo monte Sião, a santa morada de Deus situada no coração da Terra Prometida. O campo de Canaã era o "pasto sagrado" para o qual Deus havia guiado seu povo liberto (Êxodo 15:13, parafraseado pelo autor). Essa terra "onde fluem leite e mel" (Êxodo 3:8) era um paraíso para pastores e fazendeiros. O leite vem do gado, e o mel — da tamareira ou das colmeias — simbolizava a generosidade acessível da natureza. Jerusalém tornou-se o centro desse pasto sagrado, o lugar da morada pastoral de Deus.

Israel deveria aprender que poderia confiar em Deus para conduzi-lo a pastos verdejantes para saciar a fome deles. Ironicamente, a lição mais profunda que deveriam aprender foi discernida, primeiro, por seus adversários.

Todos os que as encontram as devoram.
Os seus adversários disseram: "Não somos culpados,
pois elas pecaram contra o SENHOR,
a morada da justiça,
o SENHOR, a esperança dos seus antepassados". Jeremias 50:7

Deus não é apenas a fonte das necessidades básicas da vida; Ele *é* a vida.

No início de nossa jornada no deserto, vamos considerar as maneiras pelas quais Deus nos preparou uma mesa naquele lugar. Conte as ocasiões em que Ele proveu recursos de forma inesperada e sobrenatural em lugares desérticos. Quais épocas da vida foram tão secas quanto uma seca no deserto? Deus nos tirou de nosso desamparo e desesperança para pastos verdejantes? Posso me lembrar vividamente de ocasiões em que Deus proveu de forma inigualável para minha família após um período de espera e dúvidas. Em outras áreas da vida e do ministério, ainda me vejo esperando por mudanças, por pastos verdejantes.

Vamos nos aprofundar e considerar a diferença entre considerar Deus como o doador das coisas que sustentam a vida e enxergar Deus como a própria vida. Jesus veio para dar vida, mas Ele também afirmou: "Eu sou [...] a vida" (João 11:25; 14:6). Será que abandonamos nosso verdadeiro pasto? Talvez o anseio por "pastos verdejantes" em nossas áreas de liderança seja o resultado de não vermos a *Provisão* bem diante de nossos olhos. Será que Deus nos levou a um deserto para nos ensinar que somente Ele pode satisfazer nossos anseios mais profundos?

Por fim, reflita comigo sobre a liderança enquanto cuidadosa hospitalidade. Lembro-me com carinho dos anos em que hospedamos estudantes e acadêmicos de todo o mundo na *International Fellowship House* (Casa Internacional da Comunhão). Maureen aprendeu a cozinhar comidas asiáticas, africanas e latino-americanas para que pudéssemos oferecer banquetes suntuosos e adequados aos apetites de nossos hóspedes. Nossa mesa oferecia um gostinho da provisão de Deus para aqueles que estavam cercados por um deserto de costumes ocidentais enigmáticos que aumentavam seus sentimentos de separação e solidão. Eles podiam se reclinar com segurança em pastos verdejantes. Nossa missão era ajudá-los a ver nessa provisão o gracioso Provedor.

NOTAS

[1] Para conservar a terra, o sistema *Hima* designa campos das seguintes maneiras: para forragem, pastagem limitada para alguns animais, pastagem para estações limitadas, pastagem durante a seca, protegida para a flora e a fauna silvestres. Veja SHOUP, John. *Middle Eastern Sheep Pastoralism and the Hima System* (O pastoreio de ovelhas no Oriente Médio e o sistema Hima) em GALATY, John G. e JOHNSON, Douglas L. (eds.). *The World of Pastoralism*: Herding Systems in Comparative Perspective. Nova York: Guilford Press, 1990, p. 195-215.

[2] Essa foi a distância que a família adotiva de Rute percorreu quando deixou Belém, devastada pela fome, rumo a Moabe.

[3] Às vezes, a grama mais verde é a terra de outra pessoa — a terra de outro fazendeiro ou a terra aberta ocupada por outros primeiro. "Os perversos mudam os marcos das divisas, roubam rebanhos e os trazem para seus pastos" (Jó 24:2 NVT). O roubo de pastagens é uma ameaça tão grande quanto o roubo de ovelhas.

[4] KURPERSHOEK, P. Marcel (ed.). *Oral Poetry and Narratives from Central Arabia* (Poesia oral e narrativas da Arábia Central), vol. 3, *Bedouin Poets of the Dawasir Tribe: Between Nomadism and Settlement in Southern Najd*. Leiden, Holanda: E. J. Brill, 1999, p. 173.

[5] KURPERSHOEK, *Bedouin Poets*, p. 178-79.

[6] WESTENHOLZ, Joan. *The Good Shepherd* (O bom Pastor) em PANAINO, Antonio; PIRAS, Andrea. *Schools of Oriental Studies and the Development of Modern Historiography* (Escolas de estudos orientais e o desenvolvimento da historiografia moderna), *Melammu Symposia* 4. Milão: Università di Bologna e Istituto Italiano per l'Africa e l'Oriente, 2004, p. 287.

[7] WESTENHOLZ, *The Good Shepherd* (O bom Pastor), p. 287.

[8] As duas palavras hebraicas mais comuns para deserto (*midbar* e *naweh*) referem-se a áreas de pastagem.

...você me ama? [...] Então alimente minhas ovelhas.

João 21:17 (NVT)

Dia 7

ALIMENTE MINHAS OVELHAS

Uma coisa que aprendi durante minha experiência no campo foi que, se você cuida de ovelhas, deve alimentá-las o tempo todo. Fiquei surpreso quando nos deslocamos três ou quatro vezes ao longo do dia para garantir que os rebanhos recebessem a mistura e variedade corretas. A preocupação óbvia era fornecer aos rebanhos uma nutrição adequada e equilibrada. Quando chegávamos ao anoitecer, a ingestão de pasto era complementada com uma refeição de grãos enriquecidos. A alimentação é a única maneira de garantir uma produção saudável. Sem ela, há menos leite e fibras, e menos nascimentos saudáveis.

Entretanto, obviamente, a alimentação adequada é o problema. Os animais podem ingerir plantas venenosas, comer ervas daninhas que fornecem apenas calorias inúteis e se matar comendo lixo. Eu não conseguia distinguir entre uma forma de vegetação e outra, mas logo descobri que os pastores têm um conhecimento especializado sobre o que seus animais consomem. Cada região tem sua própria combinação de solo, clima, formação de terra e conjunto de vegetais. Cada uma delas é um "mosaico de microambientes" que o pastor deve dominar[1].

Um pesquisador do início do século 20 descobriu que as tribos beduínas do Sinai conheciam os atributos de mais de cem plantas[2]. Elas sabiam quais eram boas para as ovelhas e quais eram melhores para cabras, quais eram sazonais e quais eram perenes, quais eram medicinais e para quais doenças, bem como para quais animais, e quais eram vulneráveis ao uso excessivo da pastagem. Outro escritor descreve 271 plantas e arbustos que crescem em todas as terras desérticas árabes. É claro que, se você cuida de ovelhas, precisa saber o que o rebanho está comendo. Calorias inúteis simplesmente não servem.

Em uma comovente *midrash* rabínica sobre o Salmo 78, Deus observa Davi levando seus rebanhos para se alimentar. De acordo com esse comentário imaginativo, o chamado real de Davi baseava-se em seu cuidado e habilidade com seus animais enquanto ele os alimentava.

> Ele evitava que as ovelhas adultas fossem antes para as pastagens. Ele conduzia as ovelhas mais novas primeiro para que elas pastassem na grama macia e suculenta. Em seguida, levava as ovelhas mais velhas para pastar na grama de qualidade média; por fim, levava as ovelhas jovens e robustas para pastar na grama mais rígida. O Santo disse:

Que aquele que sabe pastorear as ovelhas de acordo com suas necessidades venha pastorear o meu povo.[3]

Em uma passagem memorável em João 21:15-23, o Senhor questiona o amor de Pedro por Ele. Três vezes Jesus pergunta: "Você me ama?". Três vezes Pedro responde de forma definitiva: "Sim, Senhor, tu sabes que te amo". Todas as vezes, o Senhor segue com um desafio: "Cuide das minhas ovelhas". Há várias sutilezas semânticas nessa interação. Jesus usa duas palavras diferentes para "amar", e Pedro usa duas palavras diferentes para "saber". O discípulo que negou Jesus está obviamente incomodado com a repetição das perguntas e quer transmitir a certeza de seu amor.

Aparentemente, Jesus não quer apenas confissões de sentimentos. Ele quer que o amor seja expresso em ações descritas por outro par de sinônimos. Ele usa *poimaino*, o termo geral para pastoreio, uma vez. Mas no primeiro e no último mandamento, ele emprega o verbo *bosko*, um termo de pastoreio que se refere especificamente à alimentação. O Senhor estava enfatizando para Pedro que *liderar significa alimentar*.

Pedro teria entendido o significado dessas ilustrações através de sua Bíblia. O Pastor de Israel havia fornecido pão celestial ricamente satisfatório no deserto muitos séculos antes (veja Salmo 78:24-29). Embora o maná fosse um meio milagroso de sustento físico, o "pão dos anjos" (v.25) era, acima de tudo, uma imagem da revelação divina. O povo de Deus era sustentado, em última análise, pela Palavra de Deus (veja Deuteronômio 8:3).

Jesus estava chamando Pedro para expressar seu amor por Ele, fornecendo alimento *espiritual* às Suas ovelhas.

A conexão entre cuidar das pessoas como ovelhas e alimentá--las com a Palavra de Deus é claramente visível no relato da multiplicação dos pães: "Quando Jesus saiu do barco e viu uma grande multidão, teve compaixão deles, porque eram como ovelhas sem pastor. Então, começou a ensinar lhes muitas coisas" (Marcos 6:34). Como o divino Pastor do Antigo Testamento, Jesus alimentou uma multidão faminta, ou seja: 5.000 pessoas, fornecendo a elas alimento físico e suprindo uma fome ainda maior com as vivificantes palavras de Deus. Na verdade, Jesus transformava cada crise em uma oportunidade de ensino.

Paulo escreveu: "Ninguém os engane com palavras vazias" (Efésios 5:6). Ele entendia a necessidade de um ensino saudável, incentivando a nutrição constante com a Palavra de Deus (veja 1 Timóteo 4:6)[4]. Paulo acreditava que somente a "Escritura é inspirada por Deus e útil para o ensino, para a repreensão, para a correção e para a instrução na justiça" (2 Timóteo 3:16) e que essas formas de alimentar são tarefas pastorais. O livro apócrifo Eclesiástico já havia usado os mesmos termos para Deus, que "admoesta, corrige, ensina, reconduz, como o pastor, o seu rebanho" (18:13 BJ).

Há mais de 30 anos, minha esposa, Maureen, e eu passamos um inverno inesquecível na China, reunindo-nos com membros da igreja clandestina. Levávamos em nossas mochilas livros e fitas cristãs que seriam úteis como um seminário portátil. As Bíblias em chinês eram as que ocupavam mais espaço. Quando encontramos nosso primeiro contato, ela nos informou que precisaríamos falar em linguagem codificada: "Apenas se refira ao que você trouxe como 'pão'". Naquela noite, servimos "pão" a um pastor faminto que havia viajado por dias de uma província remota onde toda a sua igreja tinha acabado de ser presa. Ele esperava ter "pão" para levar de volta ao seu desanimado rebanho. A inesquecível expressão de gratidão em seu rosto me faz lembrar que a única fonte de vida e esperança deste mundo é a Palavra de Deus.

Quer se juntar a mim para uma honesta autoavaliação? O que nós, como líderes, temos comido? A que fontes recorremos para obter o principal sustento para nossa alma? Nossa "dieta" é rica na Palavra de Deus? Nós, como líderes, somos bons leitores? Estudamos as Escrituras e meditamos nelas diariamente, saboreando suas revelações como iguarias espirituais? Complementamos essa alimentação com clássicos devocionais, tesouros teológicos e biografias inspiradoras? Nossos *podcasts* e conversas diárias com outros crentes em Jesus estão repletos de verdades bíblicas? Ou preenchemos nosso faminto vazio com as calorias inúteis fornecidas pela TV e pela ilimitada "navegação" na Internet?

Se a liderança é uma forma de hospitalidade e o ensino é uma das maneiras pelas quais as pessoas são "alimentadas", então devemos fazer algumas perguntas incisivas sobre nossa liderança ao ensinar — seja na pregação, no aconselhamento, na orientação ou em outros locais de ensino. Com o que nutrimos as pessoas a quem servimos? Eles estão recebendo, com frequência, refeições ricas em nutrientes ou apenas coisas vencidas e triviais? Paulo nos criticaria por palavras vãs? Como professor, meu elogio favorito é: "Obrigado por alimentar a minha alma".

Talvez alimentemos bem nosso pessoal, mas não os ensinamos a se alimentarem sozinhos. Ignoramos seus hábitos de consumir lixo, opções vãs e substitutos sintéticos que nossa cultura coloca debaixo do nariz deles. Há uma fome da Palavra de Deus em nosso tempo. Há uma grande multidão que "nada têm para comer"; se os dispensarmos com fome, "podem desfalecer pelo caminho" (Mateus 15:32). Nutramos nosso rebanho e recuperemos a saúde dele com as palavras transformadoras de vida. E insistamos em um exame minucioso.

NOTAS

1 LANCASTER, William; LANCASTER, Fidelity. *Limitations on Sheep and Goat Herding in the Eastern Badia of Jordan: An EthnoArchaeological Enquiry* (Limitações ao pastoreio de ovelhas e cabras no leste de Badia, na Jordânia: uma investigação etno-arqueológica), *Levant* 23, 1991, p. 128.

2 HOBBS, Joseph J. *Bedouin Life in the Egyptian Wilderness* (A vida dos beduínos no deserto egípcio). Austin: University of Texas Press, 1989, Apêndice 1.

3 Exodus Rabbah 2:2.

4 Paulo usa a palavra *hugiaino* para referir-se ao ensino e fé saudáveis em 1 Timóteo 1:10; 4:6; Tito 1:9,13; 2:1-2,8.

*Esforce se para saber bem como as suas ovelhas estão;
dê cuidadosa atenção aos seus rebanhos.*
Provérbios 27:23

Dia 8

O PASTOR QUE CURA

Fico impressionado com o fato de que a saúde e o bem-estar de centenas de animais geralmente são deixados nas mãos de uma única pessoa no deserto. A grande variedade de doenças e hábitos nocivos que acometem as ovelhas em todo o mundo é quase cômica, exceto quando se considera que o sustento de uma família está completamente em risco, por causa disso, todos os dias. Um relato do País de Gales poderia muito bem ter vindo da antiga Palestina:

> Minha mãe, uma fazendeira das montanhas muito habilidosa, ainda se surpreende com a variedade de maneiras que uma ovelha pode encontrar para morrer. Até mesmo as resistentes ovelhas da raça galesa de montanha com as quais fui criada são suscetíveis à raiva, doença do rim pulposo, tetania das pastagens, pneumonia, pasteurelose, doença dos cordeiros gêmeos, câncer, hipotermia no inverno, parasitas no verão, sarna, comichão lombar, raposas, corvos e cães.
>
> As ovelhas passam a cabeça delas nas cercas e ficam presas. Elas sobem em árvores para pegar a folhagem e ficam

penduradas por seus chifres ou pernas. Caem em ribanceiras, são picadas por cobras e picadas por vespas. Caem em lagoas e riachos. Eles se empanturram de folhas de freixo caídas, rolam de costas e explodem como balões. Elas se envenenam com a artemísia. Os chifres dos carneiros crescem com frequência na própria cabeça deles. Eles passam fome, congelam, ficam deprimidos e adoecem — mas um bom pastor pode combater todas as aflições.[1]

Mas um bom pastor pode combater todas as aflições.
Que afirmação surpreendente depois de uma série de perigos. Agora imagine enfrentar essa série de doenças e riscos em ambientes desérticos hostis sem o benefício de vacinas e medicamentos modernos. Sozinho. Com apenas uma pequena bolsa de primeiros socorros e uma tradição oral de remédios naturais.

Doenças contagiosas, como frieiras, feridas na boca, trismo e pneumonia, apresentam os maiores riscos à saúde desses animais. "Uma cabra com sarna infecta todo o rebanho", diz um provérbio árabe[2]. Os bons pastores precisam estar sempre atentos aos animais que ficam mancos, apáticos ou que apresentam gânglios, lesões, feridas ou inchaço. Eles precisam verificar olhos, ouvidos, bocas, narizes e cascos, monitorar a perda de peso e examinar as fezes. Devem reconhecer os primeiros sintomas de várias doenças, especialmente aquelas que podem se espalhar pelo rebanho em questão de horas. Caso contrário, assistirão impotentemente o colapso de seus bens preciosos. Um jovem pastor confessou seu sentimento de culpa após uma epidemia letal: "Perdemos muitas ovelhas. Foi desanimador. Pensamos que estávamos matando-as"[3]. Somente um pastor atento e bem-informado é competente o suficiente para combater todas as aflições.

Em seu clássico, *Nada me faltará: O Salmo 23 à luz das experiências de um pastor de ovelhas* (Ed. Betânia, 1984), Phillip Keller descreve a ansiedade e o perigo causados por parasitas, apenas uma das muitas fontes de doenças.

Na ânsia de livrar-se da agonizante tortura, as ovelhas deliberadamente batem com a cabeça contra árvores, pedras, moirões ou arbustos. Esfregam a cabeça no chão ou procuram coçar-se contra a vegetação. Em casos extremos de infestação, a ovelha pode até matar-se para obter alívio daquele tormento. Por vezes, a infecção alcança estágios mais avançados, causando cegueira.

Por causa disso, quando estas moscas começam a voejar no meio do rebanho, algumas ovelhas tornam-se inquietas pelo medo e pelo pânico, na tentativa de se esquivarem a estes pequenos flagelos. Batem as patas freneticamente, correm de um lado para o outro no pasto, tentando desesperadamente fugir ao ataque dos enxames.[4]

Um remédio antigo para os atormentadores parasitas era o azeite de oliva. Esfregá-lo ao redor do nariz e dos olhos de um animal criava uma camada protetora. O óleo de oliva, a aspirina dos antigos, era usado como um bálsamo geral para a maioria dos ferimentos. Os pastores tradicionais do Oriente Médio utilizavam habilmente certas plantas e produtos naturais com qualidades medicinais. Eles ainda fervem *nytùn* para problemas oculares e de pele e raízes de *makhrùt* e *makhatab* para lavar feridas infectadas. As propriedades medicinais do sal são exploradas. O piche, o enxofre ou a urina fornecem uma lavagem alcalina. O vinho e o vinagre servem como antissépticos.

O que me chama a atenção em todos esses procedimentos é que o pastoreio exige o toque. Pode ser passar as mãos ao longo da coluna vertebral, levantar as pálpebras ou puxar as orelhas para trás, esfregar óleo ou aplicar um cataplasma. Seja qual for a condição, os pastores não podem simplesmente ficar à distância. Eles precisam tocar as ovelhas. Todas as noites, as ovelhas devem passar por baixo da vara do pastor (veja Ezequiel 20:37) para serem verificadas individualmente quanto a sinais de doença, feridas ou perda de peso. Essas medidas preventivas, de precaução e proativas acontecem somente com o contato físico direto.

O bom Pastor fez da cura compassiva uma característica central do Seu ministério. "Jesus percorreu todas as cidades e todos os povoados, ensinando nas sinagogas, pregando o evangelho do reino e curando todas as enfermidades e doenças. Ao ver as multidões, teve compaixão delas, porque estavam aflitas e desamparadas, como ovelhas sem pastor" (Mateus 9:35-36). Esse ministério de cura foi previsto no Antigo Testamento, quando Deus falou a Israel no exílio: "Todavia, trarei restauração e cura para ela [Jerusalém]; curarei o meu povo e lhe darei muita prosperidade e segurança" (Jeremias 33:6). Deus havia prometido resgatar ovelhas feridas, mal servidas por pastores que "não fortaleceram a fraca, nem curaram a doente, nem enfaixaram a ferida" (Ezequiel 34:4). Eles não haviam entendido que *liderar significa curar*.

O que me chama a atenção é que, embora Jesus muitas vezes tenha curado simplesmente proferindo uma palavra, em muitos casos Ele escolheu curar usando as mãos. Com compaixão, ele estendeu a mão e tocou um "intocável" com lepra (veja Marcos 1:41), também tocou os olhos de dois homens cegos e, depois de aplicar lama, feita com saliva, impôs Suas mãos curativas sobre o outro (veja Mateus 20:34; Marcos 8:23). Ele colocou Seus dedos nos ouvidos de um homem que era surdo e depois tocou em sua língua (veja Marcos 7:33). Mesmo durante Sua prisão, o Senhor curou graciosamente a orelha do servo do sumo sacerdote com um toque (veja Lucas 22:51).

A compaixão de Jesus pelas multidões era como a de um pastor vendo um rebanho malcuidado. Ele pediu aos discípulos que rogassem a Deus por ajuda. Depois de compartilhar Sua visão e Seu fardo, Ele os enviou "às ovelhas perdidas de Israel" (Mateus 10:6) com um ministério de palavra e toque: "Por onde forem, preguem esta mensagem: 'O reino dos céus está próximo'. Curem os enfermos, ressuscitem os mortos, purifiquem os leprosos, expulsem os demônios" (vv. 7-8). Os discípulos se tornaram extensões do ministério de cura do Senhor, tanto para o corpo quanto para a alma.

A expectativa dos copastores de Deus ainda é fortalecer os fracos, curar os doentes, curar os feridos e libertar os possessos. Pergunto-me se nossas igrejas, locais de trabalho e escolas incluem plenamente as pessoas com deficiência. Será que damos as boas-vindas àqueles que suportam silenciosamente a vergonha e o sofrimento do divórcio ou dos distúrbios alimentares? Promovemos o ministério de libertação? Consideramos a saúde como um bem garantido?

Reconhecemos os sintomas sutis das doenças de nossos rebanhos em um ambiente social tóxico, saturado de estímulos sensuais? Criamos um lugar seguro para as almas frágeis que estão sofrendo emocionalmente, sobrecarregadas pela dor ou pela depressão crônica? Temos o tempo necessário para cuidar dos que estão lutando contra doenças terminais e de longo prazo? Aqueles que estão sofrendo são os mais "tocados" pela nossa atenciosa presença?

Os veterinários procuram as doenças básicas comuns em um rebanho. Pergunto-me se podemos aprender o valor de avaliar constantemente nosso rebanho quanto à presença dos sete pecados capitais — luxúria, gula, ganância, preguiça, ira, inveja e orgulho. Existe alguma maneira de colocar em quarentena aqueles que são contagiosos, removendo-os de posições de influência? Será que alguma doença se espalha mais rapidamente do que a calúnia? Os problemas de saúde de um único membro são problemas de saúde para todo o rebanho. Devemos estar prontos para combater todas as aflições.

Às vezes, o pecado é a fonte da doença física. O apóstolo Tiago aconselha suas congregações a considerarem essa possibilidade.

Há alguém doente entre vocês? Que ele mande chamar os presbíteros da igreja, e que estes orem por ele, ungindo o com óleo, em nome do Senhor. A oração feita com fé curará o doente, e o Senhor o levantará. Além disso, se houver cometido pecados, ele será perdoado. Portanto, confessem os seus pecados uns aos outros e orem uns pelos outros para serem curados. A oração de um justo é poderosa e eficaz. Tiago 5:14-16

Para enfrentar todas as aflições, precisamos de uma "bolsa" de pastor com itens de emergência: óleo para oração, Escrituras para encorajamento, números de telefone para assistência em casos de crise. Além disso, mais fundamentalmente, precisamos da mesma disposição compassiva do Grande Médico que parou uma multidão para tocar em uma alma ferida.

NOTAS

[1] CLARE, Horatio. *Total War on Sheep* (Guerra total contra as ovelhas), *Spectator*, 15 dezembro 2001, arquivado em: Flatrock.org.nz. Disponível em https://flatrock.org.nz/topics/animals/unto_us_a_lamb_is_given.htm.

[2] SAFADI, Dalal Khalil; BASHA, Victoria Safadi. *A Thousand and One Arabic Proverbs* (Mil e um provérbios árabes). Beirute: American Press, 1954, p. 26.

[3] SAMITH, Barbara; ASELTINE, Mark; KENNEDY, Gerald. *Beginning Shepherd's Manual* (Manual do pastor iniciantes). 2.ed., Ames: Iowa State University Press,1997, p. 71.

[4] KELLER, W. Phillip. *Nada me faltará: O Salmo 23 à luz das experiências de um pastor de ovelhas*. Minas Gerais: Ed. Betânia, 1984, p. 98.

...com o braço ajunta os cordeiros e os carrega no colo;
conduz com cuidado as ovelhas
que amamentam as suas crias.

Isaías 40:11

Dia 9

PARTEIROS E ENFERMEIROS

Lembro-me da primeira vez que vi um grupo de cordeiros recém-nascidos. Eles estavam em um pequeno curral semelhante a uma caverna em Belém. Pequenos e frágeis, eles se agitavam no recinto pouco iluminado, conduzidos pela família do proprietário às suas mães para a primeira alimentação.

Dizem que a época do parto é a "crise do ano dos pastores" — um verdadeiro teste do comprometimento, da resistência e da habilidade deles[1]. O que acontece em torno do nascimento do cordeirinho, nesses momentos críticos, inicia o relacionamento íntimo e único entre o pastor e a ovelha. Os partos bem-sucedidos geralmente requerem intervenção humana. Como parteiros, os pastores se envolvem fisicamente, alcançando o interior das ovelhas e reposicionando cuidadosamente os cordeiros para que a cabeça e as pernas dianteiras saiam primeiro. Alguns cordeiros são grandes demais para nascerem facilmente. Alguns são muito pequenos para viver por muito tempo. Às vezes, a mãe não lambe naturalmente a membrana do recém-nascido. Muitas vezes, ela não o amamenta bem. Todo pastor deseja que cada recém-nascido viva.

É preciso lutar para que alguns consigam alcançar isso.

Naquela noite, em Belém, as ovelhas haviam dado à luz sem maiores complicações e todos os recém-nascidos estavam se amamentando alegremente. A ligação entre ovelha e cordeiro e entre pastor e ovelha havia começado. O próximo momento crítico nessas relações afetivas seria o desmame. Uma ovelha e seu cordeiro podem chorar por dias e lembrar um do outro por meses. O pastor já está intimamente ligado a ambos, cuidando gentilmente de cada um em sua separação.

Um pastor sírio descreve os partos típicos em campo aberto e a reação automática do pastor.

> Às vezes, suas ovelhas darão à luz cordeiros enquanto ele está nas montanhas. Ele coloca esses cordeirinhos, ou aqueles que estão com as pernas quebradas, dentro de seu casaco e, de vez em quando, é visto colhendo a grama mais macia para alimentá-los. É ao mesmo tempo divertido e patético ver esses cordeiros levantando a cabeça e berrando, enquanto as mães seguem seu rastro.[2]

Cuidar das mães e de suas crias requer uma combinação extraordinária de habilidade e delicadeza que vem à tona durante a noite do parto. Jacó era um pastor gentil. Quando ele e Esaú se reconciliaram após anos de distanciamento, Jacó insistiu em viajar no ritmo de suas ovelhas necessitadas: "Meu senhor sabe que as crianças são frágeis e que estão sob os meus cuidados ovelhas e vacas que amamentam as suas crias. Se forçá-las demais na caminhada, um só dia que seja, todo o rebanho morrerá" (Gênesis 33:13).

A habilidade e a preocupação com as mães que amamentam e suas crias foram aparentemente importantes para Deus escolher Davi para liderar o Seu povo.

*Também escolheu
o seu servo Davi,
e o tirou do aprisco das ovelhas,
do cuidado das ovelhas
e suas crias,*[3]
*para ser o pastor de Jacó, seu povo,
e de Israel, sua herança.
E ele os apascentou
segundo a integridade
do seu coração
e os dirigiu com sábias mãos.* Salmo 78:70-72 (NAA)

Deus escolheu um homem que havia se envolvido intimamente na preservação e no cultivo de uma vida nova e frágil para cuidar de um povo que o próprio Deus havia guiado gentilmente no deserto.

Infelizmente, chegou um momento em que Davi permitiu que os privilégios e as vantagens de sua posição obscurecessem sua missão pastoral. Ele usou seu poder real para tirar vantagem de servos leais. Estou me referindo ao seu adultério com Bate-Seba e ao "assassinato" de Urias. Para expor a natureza do crime, o profeta Natã contou a Davi uma parábola comovente sobre um homem pobre e sua cordeirinha de estimação. "Ele a criou, e ela cresceu com ele e com os seus filhos. Comia junto dele, bebia do seu copo e até dormia nos seus braços. Era como uma filha para ele" (2 Samuel 12:3). Mas um vizinho com grandes rebanhos e manadas decidiu agradar um convidado às custas do pobre homem. Ele egoisticamente pegou sua única cordeirinha e a abateu.

Sem saber que se tratava de uma parábola, os sentimentos pastorais de Davi afloraram e ele ficou furioso. Ele exigiu uma indenização quádrupla e a morte do homem rico. Então, sem muitos rodeios, Natã identificou Davi como o culpado, com a memorável frase: "Você é esse homem!" (v.7). Como o rei havia se afastado dos dias em que cuidava gentilmente das crias do rebanho de seu pai!

A parábola mexeu com a consciência do rei e Davi se arrependeu.

No único outro caso em que Davi aparentemente cedeu à pretensão real, seu coração de pastor o fez cair em si. Quase no final de sua vida, ele convocou um censo (veja 1 Crônicas 21). Isso pode ter sido uma preparação para guerra, tributação ou organização do trabalho público. Ou talvez tenha sido apenas por orgulho. Qualquer que fosse o motivo, estava fora da vontade de Deus, e até mesmo Joabe, comandante do exército de Davi, ficou contrariado com isso. Quando a contagem foi concluída, o Senhor prometeu punir Israel.

Tendo percebido seu erro, Davi implorou por misericórdia. O profeta Gade lhe deu três opções: três anos de fome, três meses de ataques inimigos ou três dias de pragas mortais. Davi escolheu a terceira opção, pois acreditava que Deus seria mais misericordioso do que seus inimigos. O anjo do Senhor de fato cedeu quando chegou a Jerusalém. Davi então orou: "Não fui eu que ordenei contar o povo? Fui eu que pequei e fiz o mal. Estes não passam de ovelhas. O que eles fizeram? Ó Senhor meu Deus, que o teu castigo caia sobre mim e sobre a minha família, mas não sobre o teu povo!" (1 Crônicas 21:17).

Nesse momento, Davi percebeu que os pastores devem se sacrificar para que as ovelhas vivam — e não o contrário. Nesse mesmo lugar em que Davi voltou a si, o Templo, um dia, seria construído.

O cuidado com os jovens — os totalmente dependentes e vulneráveis em um rebanho — é uma preocupação característica do coração de um bom pastor e a marca de uma comunidade saudável. Um pastor asiático me disse certa vez que, em seu país, os missionários estrangeiros eram avaliados com base em como tratavam as crianças. Jesus continua a nos lembrar, Seus discípulos, de que os jovens são mais importantes do que nossas agendas bem-intencionadas (veja Mateus 19:13-15).

Ao trabalharmos entre nossos rebanhos — em nossos locais de trabalho, igrejas, famílias e comunidades —, estamos negligenciando os fisicamente jovens ou dando atenção especial a eles? Será que as crianças abandonadas e os órfãos de relacionamento são esquecidos ou cuidados? Podemos enxergar além da idade física e reconhecer os adultos que são "bebês" com atraso no desenvolvimento e que precisam de leite (veja 1 Coríntios 3:1-2; Hebreus 5:12-13)? Precisamos ser estratégicos e gentis em nosso serviço. Alguns são "duramente perseguidos", especialmente em nome do ministério.

Os pastores cuidadosos também estão atentos às suas ovelhas. Os pais solteiros e os cuidadores sobrecarregados são apoiados com competência e compaixão? As ovelhas espirituais saudáveis, que efetivamente reproduzem recém-nascidos na fé, precisam de cuidados excepcionais. Essas "mães" na fé despendem um esforço enorme para dar vida a outros e, depois, meses de cuidados para que os mais novos possam se tornar independentes.

Às vezes nos esquecemos de que as mães precisam ser cuidadas. Os que nutrem precisam ser nutridos. Os doadores de vida precisam que a vida seja derramada sobre eles. A liderança pastoral combina as sensibilidades e as habilidades de uma boa parteira e enfermeira. *Liderar significa ser mãe.*

Certa vez, Moisés reclamou: "Por acaso, fui eu quem o concebeu? Fui eu quem o deu à luz? Por que me pedes para carregá-lo nos braços, como a ama carrega um recém-nascido, para levá-lo à terra que prometeste sob juramento aos seus antepassados?" (Números 11:12). Deus *de fato* o chamou para um ministério maternal; ele foi parteiro e enfermeiro da nação, assim como Débora foi uma "mãe em Israel" (Juízes 5:7). Paulo entendeu que essa era uma expectativa padrão para os pastores da igreja: "como apóstolos de Cristo [...] preferimos ser carinhosos quando estivemos aí com vocês, assim como uma mãe que acaricia os próprios filhos" (1 Tessalonicenses 2:7 NAA).

Aceitemos o chamado para sermos parteiros e enfermeiros.

NOTAS

1 CAMPBELL, John Kennedy. *Honour, Family, and Patronage: A Study of Institutions and Moral Values in a Greek Mountain Community* (Honra, família e patronagem: Um estudo de instituições e valores morais em uma comunidade grega nas montanhas). Oxford: Clarendon, 1964, p. 27-28.

2 MOGHABGHAB, Faddoul, *The Shepherd Song on the Hills of Lebanon: The Twenty — Third Psalm Illustrated and Explained* (O Canto do Pastor nas Colinas do Líbano: O Vigésimo Terceiro Salmo Ilustrado e Explicado). Nova York: E. P. Dutton, 1907, p. 106-107.

3 No hebraico é literalmente "por trás das ovelhas", o que implica que ele estava indo no ritmo delas, com um olhar cuidadoso sobre elas.

Alegrem-se comigo, pois encontrei a minha ovelha perdida.

Lucas 15:6

Dia 10

PERDIDOS E ACHADOS

Há mais de um bilhão de ovelhas no mundo, e cada uma delas é importante para um pastor em algum lugar.

Perguntei aos beduínos sobre a perda de ovelhas e dificilmente deixei de ouvir uma história comovente que carregava um sentimento notável. Das montanhas que cercam a antiga Petra, Ahmed respondeu com sua confiança característica: "Desde 1984, nunca perdi uma ovelha ou cabra que não tenha encontrado novamente — viva ou morta".

Então, com hesitação e sentimento óbvio, ele continuou: "Exceto uma. E dessa eu nunca conseguirei me esquecer. Ela está em minha mente todas as noites antes de dormir". Apesar de ter milhares de animais, ele se sentiu envergonhado como pastor por não poder responder por uma que se perdeu.

Uma história mais feliz veio da família Aref, em um pequeno vilarejo perto de Karak, também na Jordânia. O pastoreio era o negócio da família há gerações. Em uma história mais recente, os homens aceitaram empregos estatais, e a Sra. Aref agora cuidava de seu rebanho controlável de 45 animais. A família brincava que ela obtinha mais renda com os produtos animais do que eles no escritório. Ela fabricava travesseiros e colchões de lã, queijos secos, *laven* (manteiga clarificada) e *labneh* (iogurte artesanal).

Outra piada de família era que a Sra. Aref amava seus animais tanto quanto — talvez mais do que — seus filhos. Ela conhecia os animais intimamente e era muito afetada por suas necessidades. Enquanto comíamos uma de suas suntuosas refeições, eles me contaram uma história pessoal sobre sua amada mãe e seus animais favoritos.

Certo dia, para sua imensa angústia, a Sra. Aref perdeu o rastro de uma de suas ovelhas. Como as ovelhas se misturam regularmente com outros rebanhos em pastos comuns durante o dia, naquela noite ela verificou com seus vizinhos se a ovelha tinha ido para casa com outra pessoa. Mas nenhum deles tinha visto a criatura desaparecida. Na semana seguinte, ela perguntou aos vizinhos mais distantes, mas ninguém havia notado um animal perdido ou encontrado restos mortais não identificados. As semanas se transformaram em meses sem nenhum sinal da ovelha desaparecida.

Então, um dia, dois meses depois, um grande rebanho conduzido por um pastor contratado passou pelo vilarejo. Como ainda era seu hábito, a Sra. Aref perguntou ao jovem se ele havia encontrado uma ovelha perdida. Quando as palavras passaram por seus lábios, uma das ovelhas do sólido aglomerado de ovelhas que passava levantou a cabeça, reconhecendo imediatamente o som da voz de sua dona. A Sra. Aref gritou de alegria e correu em meio ao assustado rebanho para abraçar a ovelha perdida. Não demorou muito para que toda a aldeia ouvisse sobre tal comoção e participasse do reencontro. O rebanho da Sra. Aref, agora, estava novamente completo.

Uma última história sobre um pastor sírio tem o mesmo final feliz. "Dois irmãos procuraram durante a noite até descobrirem o rastro de suas duas ovelhas desaparecidas. Quando voltaram para a aldeia, o pai estava chamando por eles: 'Vocês as encontraram?'. Eles lhe responderam: 'Salvas, ambas salvas'. Isso foi suficiente para encher de alegria a pequena casa em que residiam. Eu disse alegria? Todos os membros da família pediam, várias vezes, para contar a história de como essas duas ovelhas foram procuradas, encontradas e salvas por eles".[1]

Esses relatos têm um toque familiar. Muitos de nós conhecemos a parábola do homem com cem ovelhas que saiu em busca de uma que estava perdida até encontrá-la (veja Lucas 15:3-7). A reação foi a mesma: todos na aldeia comemoraram a ovelha que foi encontrada. Jesus usou essa história para ajudar Seus ouvintes a apreciarem a alegria que há no Céu quando alguém que estava perdido é salvo. O Senhor estava ensinando que, no Reino de Deus, devemos sempre "contar um por um"[2].

Encontrei outro propósito para essa parábola contada por Jesus. Frequentemente jantando com cobradores de impostos, prostitutas e outros "pecadores", Ele estava pintando um quadro de como Deus enxerga aqueles que estão fora da membresia formal da comunidade de fé. Eles estão "perdidos" — uma designação que reflete uma perspectiva profunda sobre a verdadeira identidade deles. Como ovelhas, as pessoas se afastam e perdem o rumo. Elas precisam ser resgatadas e devolvidas ao rebanho ao qual pertencem. Elas precisam ser salvas. A verdade teologicamente chocante era que até mesmo Zaqueu, o desprezado cobrador de impostos, era um "filho de Abraão" (Lucas 19:9) esperando para ser encontrado. Os perdidos são "as pessoas de quem Jesus mais sente falta"[3].

O Senhor tinha a intenção de estar junto com as pessoas que haviam se isolado, procurando com determinação cada uma delas "até encontrá-la" (15:4). Sua missão principal era "buscar e salvar o que estava perdido" (19:10). Ele chamou os discípulos para dar continuidade a essa missão, enviando-os para recuperar as "ovelhas perdidas de Israel" (Mateus 10:6). Ele também os informou sobre o escopo mais amplo de Sua missão: "Tenho outras ovelhas [...]. É necessário que eu as conduza também" (João 10:16).

Uma das tarefas essenciais da liderança dos pastores é a árdua recuperação daqueles que se perderam por algum motivo. A maioria nem mesmo sabe que está perdida até que seja tarde demais. A angústia pelos perdidos se expressa em intercessão apaixonada e ação determinada. Acredito que essa angústia, por vezes, falta em minha própria egocêntrica existência. É mais fácil simplesmente deixá-los ir embora, pois penso: *Eles não estão interessados no que eu tenho a dizer.*

A parábola do pastor que busca sua ovelha perdida, oferece uma visão pungente da missão evangelística dos pastores da igreja — e isso significa todos nós. *Liderança significa procurar os perdidos.* Pastores líderes se sentem confortáveis em lugares onde as ovelhas se perdem. Precisamos nos orientar em bairros difíceis, terrenos baldios, bares e abrigos para pessoas em situação de rua. E precisamos reconhecer as pessoas que estão perdidas nos bairros ricos dos subúrbios, nos *campi* universitários e em nossas próprias famílias.

Líderes atentos percebem aqueles que estão faltando — não apenas os que normalmente estão entre nós. Aqueles que nunca fizeram parte do rebanho fazem falta na contagem diária. Mesmo que resistam às tentativas iniciais de trazê-los de volta, o pastor sabe que eles precisam voltar para casa, onde realmente pertencem. Eles precisam ser salvos.

As "outras ovelhas" a que Jesus se referia incluem subculturas em nossa sociedade às quais talvez nunca tenhamos estendido a mão ou orado, bem como grupos de pessoas e nações que talvez tenhamos visto apenas pelas lentes de nossas mídias. No ápice da história, o rebanho de Deus incluirá "todas as nações, tribos, povos e línguas" (Apocalipse 7:9). Quando eu era seminarista, lembro-me de orar regularmente pela Albânia, o único país conhecido na época sem um único cristão. Agora há muitos. Os anjos se alegraram com cada um deles.

Até que ponto somos afetados por aqueles que ainda faltam? De acordo com algumas estimativas, há mais de 3 bilhões de pessoas vivendo sem uma compreensão clara do evangelho[4]. Será que a imagem mental das "outras ovelhas" tem alguma consistência? Ao refletirmos sobre a persistência implacável e otimista do bom Pastor, permitamos que Sua inabalável paixão pelos perdidos encha novamente o nosso coração.

Uma reflexão final sobre a perda: Por mais que o zelo evangelístico seja vital para o papel do pastor nas Escrituras, devemos nos lembrar de que o pastor também pode estar perdido. Após a história da ovelha perdida em Lucas 15, há a história de uma moeda perdida e de um filho perdido. Chamamos essa última história de parábola do filho pródigo. Talvez devêssemos pensar nesse relato comovente como a história de dois filhos perdidos. Um foi embora fisicamente e voltou para casa para uma nova vida como filho. O outro não saiu de casa, mas nunca compartilhou o coração de seu pai. Na verdade, ele é o mais trágico dos dois personagens: estava perdido em casa. Paulo adverte a todos nós: "Examinem-se para ver se estão na fé; provem a vocês mesmos" (2 Coríntios 13:5).

NOTAS

1 MOGHABGHAB, Faddoul. *The Shepherd Song on the Hills of Lebanon: The Twenty-Third Psalm Illustrated and Explained* (O canto do pastor nas colinas do Líbano: O vigésimo terceiro Salmo ilustrado e explicado). Nova York: E. P. Dutton, 1907, p. 77-79.

2 Veja BARTON, Stephen C. *Parables on God's Love and Forgiveness* (Parábolas sobre o amor e o perdão de Deus) em LONGENECKER, Richard N. (ed.) *The Challenge of Jesus' Parables*. Grand Rapids, MI: Eerdmans, 2000, p. 205.

3 Cf. HENDERSON, Jim. A.K.A. *Lost: Discovering Ways to Connect to the People Jesus Misses Most* (Perdidos: Descobrindo maneiras de se conectar com as pessoas que Jesus mais sente falta). Nova York: WaterBrook, 2005.

4 *Global Summary*, Joshua Project, acessado em 22 de maio de 2023, disponível em https://joshuaproject.net Para o banco de dados de religião mais sofisticado do mundo, consulte o Centro para o Estudo do Cristianismo Global em https://www.gordonconwell.edu/center-for-global-christianity/

...ajuntarei os dispersos.

Sofonias 3:19

Dia 11

REUNINDO OS DISPERSOS

Ao ouvir muitas histórias sobre ovelhas que se perderam, fiquei intrigado sobre como o forte senso de responsabilidade foi inculcado nos mais jovens. Saíd, um beduíno do Sinai, ajudou a responder a essa pergunta com uma história inesquecível. Quando ele tinha 7 anos, seu pai o enviava diariamente aos cânions de granito que ficam ao sul do Sinai para alimentar seu pequeno rebanho de 30 cabras. Um dia, ao anoitecer, ele voltou sem uma das cabras. (Saíd havia se distraído dividindo sua atenção com uma pastora e outro rebanho!) A resposta de seu pai foi rápida e, a meu ver, severa: "Vá procurá-la e não volte para casa sem ela". Embora a cabra tenha voltado para casa sozinha na manhã seguinte, o pai de Saíd não chamou o filho.

O menino procurou o animal nas montanhas por dois dias.

Quando ele voltou para casa, assustado e envergonhado, seu pai não se desculpou. Aparentemente, essa era a maneira tradicional de aprender a ser responsável pelo rebanho da família. Uau!

Ao pensar na experiência do garoto (e no incrível desafio de manter as cabras juntas), foi difícil não me solidarizar com ele.

Contudo, uma outra história vinda da Sra. Aref, na Jordânia, revela o quanto é importante assumir a responsabilidade pelos animais, especialmente quando eles estão separados e correndo perigo.

Certa noite, uma tempestade assustadora nas montanhas da Jordânia fez com que as tendas desabassem ao redor dos animais. Em pânico, os rebanhos correram pela noite escura adentro. O pastor contratado entrou em pânico e correu também. Com trovões e chuva acima da cabeça e pedras escorregadias sob os pés, os membros da família Aref escalaram os montes e chamaram, procurando o rebanho disperso. No final daquela noite exaustiva, escura e chuvosa, eles localizaram os animais dispersos e os reuniram em um abrigo temporário.

Pela manhã foram procurar o trabalhador contratado que havia abandonado os animais em um momento tão crítico. A família estava compreensivelmente irritada! Ele estava escondido atrás do forno do padeiro em um vilarejo próximo, com medo de que lhe tirassem a vida.

Eles poderiam ter feito isso.

Visto que ele havia fugido quando mais precisavam dele.

Agora, com essas histórias em mente, penso ser mais fácil entender o sentimento expresso em Ezequiel 34. Deus repreendeu os líderes do antigo Israel por não serem verdadeiros pastores. Como Saíd, a distração com suas próprias preocupações levou à negligência com o rebanho, uma expressão passiva de abuso.

Durante a vida do profeta Ezequiel, uma tempestade em forma de guerra atingiu o rebanho de Deus, Israel. Eles se dispersariam, seriam enganados e muitos pereceriam. Tudo porque seus pastores eram descuidados e egocêntricos. O profeta descreve as consequências:

> *Por isso, estão dispersas, porque não há pastor algum, e, quando foram dispersas, elas se tornaram comida de todos os animais selvagens do campo. As minhas ovelhas vaguearam por todos os montes e por todas as altas colinas. Foram dispersas por toda a terra, e ninguém se preocupou com elas nem as procurou. [...]*
>
> *Como o pastor busca as ovelhas dispersas quando está cuidando do rebanho, assim tomarei conta das minhas ovelhas. Eu as resgatarei de todos os lugares para onde foram dispersas em um dia de nuvens e de trevas.* Ezequiel 34:5-6,12

Ezequiel estava descrevendo a dispersão dos judeus na sombria tempestade de seu exílio nacional. A nação estava literalmente espalhada pelo Império Babilônico. Eles haviam se tornado ovelhas sem pastor, uma designação frequente na literatura do antigo Oriente Próximo para pessoas sem liderança adequada[1]. Os próprios governantes babilônicos sabiam que um bom rei era um "pastor que recolhe os dispersos"[2].

Como resposta à situação do rebanho de Deus, o divino Pastor promete remover os falsos pastores e ir pessoalmente em busca de Suas ovelhas perdidas: "Procurarei as perdidas e trarei de volta as desviadas. Enfaixarei a que estiver ferida e fortalecerei a fraca" (Ezequiel 34:16). Que retrato apaixonado do intenso compromisso de Deus com Seu povo disperso!

A chegada desse Pastor ocorreu no ministério do Messias Jesus. Ao ver as multidões como ovelhas sem pastor, Ele as reuniu para si. É impressionante o número de vezes que a palavra *reunir* foi usada durante o ministério de Jesus (veja Lucas 8:4; 12:1). Ele se cercou propositalmente dos exilados de Israel, forjando uma comunidade renovada a partir deles[3].

Jesus transmitiu essa perspectiva aos líderes da Igreja Primitiva. Em uma carta dirigida às "doze tribos dispersas entre as nações" (Tiago 1:1), Tiago escreveu aos crentes como estrangeiros deslocados neste mundo, incentivando-os, como residentes temporários, a viver aqui pela fé.

No final de sua carta, Tiago se dirige a um subgrupo dos dispersos que deliberadamente escolheu se dispersar e se afastar do caminho escolhido por Deus (veja Salmo 95:10). Em relação a essa tendência, ele encoraja a conduta de um bom pastor: "Meus irmãos, se algum de vocês se desviar da verdade e alguém o trouxer de volta, lembrem-se disto: quem traz de volta um pecador do seu caminho errado salvará da morte a vida dessa pessoa e fará que muitíssimos pecados sejam perdoados" (Tiago 5:19-20).

Podemos começar nossas reflexões com o tópico dos crentes que se perdem com alguma introspecção. Será que estamos nos perdendo? Um dos meus hinos favoritos é "Ebenézer" [CC 132], de Robert Robinson. Os versos a seguir me vêm à mente com frequência.

> Devedor à Tua graça
> Cada dia e hora sou;
> Teu desvelo sempre faça
> Com que eu ame a ti, Senhor.
> Eis minha alma vacilante,
> Toma-a, prende-a com amor,
> Para que ela, a todo instante,
> Glorifique a ti, Senhor.

Essa confissão é muito frequente para mim.

Conforme voltamos nossa atenção à ovelha perdida, relembremos as palavras de Paulo em Gálatas: "Irmãos, se alguém é surpreendido em alguma transgressão, vocês que são espirituais devem restaurá lo com espírito de mansidão. Cuide-se, porém, cada um de não ser tentado" (6:1). Primeiro, olhamos para nós mesmos com brutal honestidade, e depois seguimos para a restauração gentil.

Sugiro que listemos as diversas maneiras pela qual pessoas sob os nossos cuidados se desviam e se perdem, sejam elas paroquianos, funcionários, estudantes ou filhos. Algumas se perdem buscando prazer em um ou outro monte. Buscar prazer no trabalho, no álcool, em jogos de azar ou na pornografia tem levado algumas pessoas a sérios vícios. Essas foram perdidas de vista, estão lutando, encarceradas em prisões físicas ou psicológicas. Um amigo pastor me confessou como seu casamento quase foi destruído porque ele passou algumas noites, durante uma semana, vendo pornografia na internet. Ele simplesmente se deixou levar.

Outros por buscarem interesses aparentemente inofensivos, abandonaram "o seu primeiro amor" (Apocalipse 2:4) pelo divino Pastor. Juntamente com outras ovelhas que pensam parecido, brincam com a filosofia da Nova Era ou se reúnem compulsivamente em torno de empreendimentos lucrativos. Algumas estão se dispersando por causa do medo, fugindo dos próprios sistemas de apoio que as ajudariam. Elas se agitam com rumores de mudanças, indícios de problemas, um estrondo no céu. Será que vemos esses pequenos grupos fugindo de nossa vista? Eles se tornam desabrigados, às vezes por opção, às vezes por circunstâncias. E a palavra que o nosso Pai nos envia é: "Não volte para casa sem eles".

NOTAS

1 Números 27:17; 1 Reis 22:17. Esse também é um refrão no Lamento por Ur após a destruição da antiga cidade.

2 WESTENHOLZ, Joan. *The Good Shepherd* (O bom Pastor) em PANAINO, Antonio; PIRAS, Andrea (eds.). *Schools of Oriental Studies and the Development of Modern Historiography*. Melammu Symposia 4, Milão: Universitá di Bologna and Istituto Italiano per l'Africa e l'Oriente, 2004, p. 294.

3 Veja Lucas 15:1, o cenário da parábola da ovelha perdida.

...*restaura-me o vigor [...] e o meu cálice transborda.*

Salmo 23:3,5

Dia 12

SATISFAÇÃO E RESTAURAÇÃO

Uma das minhas experiências favoritas na Jordânia foi em um dia de outubro, nos campos dos pastores, sem um intérprete. No início de minha "pesquisa de campo", eu esperava aprender apenas observando, ouvindo e acompanhando. Pela manhã, meu filho Jesse e eu seguimos um pastor que foi contratado por várias famílias em Ismakhiah para cuidar de seus respectivos rebanhos. Ele cuidava de aproximadamente 200 animais.

No final do dia, encontramo-nos em um grande vale com vários outros pastores contratados que deixavam seus rebanhos de tamanho semelhante pastarem juntos, longe da cidade. Eu observava atentamente e fazia muitas anotações. Acumulei inúmeras perguntas que, com sorte, seriam respondidas na tenda do pastor naquela noite. O mais importante é que eu estava adquirindo impressões distintas sobre as rotinas e os ritmos da vida do rebanho.

Uma das imagens que ficaram gravadas em minha mente naquele dia foi a cena de algumas ovelhas felizes, à tarde, aconchegadas umas ao lado das outras no chão descansando. Outras estavam amontoadas ou em bandos nas proximidades. Mas as que estavam no chão eram particularmente pacíficas. Demorou boa parte do dia para que o rebanho se acostumasse conosco, mas, a essa altura, consegui me aproximar lentamente delas, sentar-me perto e tirar uma foto.

O que tornou a impressão tão memorável foi a falta de movimento e inquietação que são tão comuns. As ovelhas geralmente estão em movimento enquanto pastam. Elas são facilmente provocadas por outras ovelhas ou cabras, e geralmente andam de um lado para o outro, ajuntando-se em seus grupos. Sem esforço, elas entram em pânico quando uma pessoa desconhecida está por perto. Parecem excessivamente sensíveis a qualquer mudança no ambiente. Mas quando não há nada nem ninguém as incomodando e o estômago delas está cheio, elas simplesmente se deitam e ruminam com satisfação[1].

Enquanto as ovelhas descansavam, os pastores começaram espontaneamente a tocar música em instrumentos feitos à mão. Eles cantaram algumas músicas e dançaram um pouco, proporcionando a Jesse e a mim um entretenimento inesperado[2]. Havia uma correspondência muito natural entre o descanso despreocupado das ovelhas e dos pastores. Não pude deixar de pensar no rei Davi, que provavelmente compôs alguns de seus salmos quando era um jovem pastor.

A cena das ovelhas satisfeitas é, de certa forma, irônica. O deserto é um lugar de desolação e depravação, onde toda vida é atraída para a morte. Entretanto, os bons pastores podem oferecer dádivas que sustentam a vida de seus rebanhos em tais lugares. E quando o fazem, deparamo-nos com uma cena perfeita de satisfação rejuvenescedora. Foi exatamente nesse tipo de região que Deus escolheu se revelar como Provedor e Sustentador. "Nestes quarenta anos", lembrou Moisés aos israelitas, "nada lhes tem faltado" (Deuteronômio 2:7).

Quando Israel enfrentou outro tipo de deserto — a desolação do exílio — Deus prometeu por meio de Jeremias: "Mas trarei Israel de volta à sua própria pastagem [...] e saciará o seu apetite nos montes de Efraim e em Gileade" (Jeremias 50:19). Essas imagens nos lembram de como começa o famoso Salmo do Pastor: "O SENHOR é o meu pastor; de nada terei falta" (Salmo 23:1).

O verbo usado em Jeremias para "trazer Israel de volta" (*shuv*) é o mesmo usado no Salmo 23:3 para "restaura-me o vigor". Parece-me que a restauração bíblica envolve o retorno a um lugar de provisão divina, onde o cuidado abrangente está disponível e em que a vida pode ser restaurada[3]. A sequência no salmo é sugestiva:

*Ele me faz repousar em pastagens verdejantes
e me conduz a águas tranquilas;*[4]
restaura me o vigor. Salmo 23:2-3

A restauração pela qual o salmista anseia tão desesperadamente acontece quando suas necessidades mais profundas são supridas. Em pastos verdejantes e nutritivos, junto à "águas tranquilas", após a turbulência ter passado, na total segurança da presença do Pastor. Ali o Pastor cura a alma ferida, o bem-estar e os recursos espirituais da ovelha são regenerados, "o meu cálice transborda" (v.5).

Entre os escritores dos evangelhos, Marcos observa especialmente a incidência frequente do ministério restaurador de Cristo no deserto. Ele entende esse alcance como o cuidado pastoral contínuo do Deus que anteriormente, no mesmo ambiente, nutria Israel. Jesus, em Marcos 6, convence Seus discípulos a compartilharem um pouco de solitude com Ele após a primeira viagem missionária deles. As multidões os pressionavam, eles estavam com fome e a anoite se aproximava. Então, Ele os convidou: "Venham comigo para um lugar deserto e descansem um pouco" (v.31).

Mas as multidões os seguiram até o refúgio deles. É compreensível que os discípulos tenham sugerido ao seu Mestre que as pessoas fossem mandadas embora para comprar comida para si mesmas, e assim os deixassem em paz. Já conferimos brevemente o que aconteceu, mas ainda há mais a descobrir.

Jesus viu a multidão não apenas como uma multidão necessitada, mas "como ovelhas sem pastor" (v.34). Ele desafiou Seus discípulos a alimentá-las. Todas as 5.000 famílias! É claro que isso era absurdo, do ponto de vista humano. Mas o Senhor, que proveu o maná por 40 anos ao Seu povo, estava ali para fornecer, novamente, uma refeição a um rebanho faminto. Ele desejava que Seus discípulos participassem de tudo aquilo. Além disso, Jesus queria mostrar a eles que o alimento que Ele estava prestes a fornecer seria mais do que suficiente.

Como os discípulos participaram do milagre da multiplicação dos pães e dos peixes; cada um deles, no final do dia, se viu com uma cesta cheia de sobras! Imagine milhares de pessoas reclinadas nas encostas do deserto, empanturradas até a saciedade, e 12 discípulos em uma espécie de cansado, perplexo e prazeroso estupor, deitados ao lado de seu Senhor — com todas as sobras. Ruminando.

"Todos comeram e ficaram satisfeitos" (v.42) — 5.000 famílias e 12 homens. Vejo essa segunda imagem vívida ao lado da foto das ovelhas, fora de Ismakhiah, tirada naquele dia de outono.

A satisfação envolve o atender necessidades genuínas e o reabastecer recursos esgotados. À luz do exemplo do Supremo Pastor, vamos nos aprofundar mais nas maneiras pelas quais podemos suprir efetivamente as necessidades dos outros. Somos pessoas completas que têm uma grande variedade de necessidades: físicas, emocionais, psicológicas, intelectuais, relacionais e espirituais. A primeira questão é como avaliamos as necessidades das pessoas que lideramos. Por intuição e suposições ou a partir de informações reais? Será que realmente queremos saber a dimensão das necessidades delas? Que tipo de necessidades procuramos atender? Apenas as necessidades "espirituais"?

Reflita por um momento sobre a noção hebraica de restauração como retorno. Isso pode envolver a restauração de um casamento, um retorno ao seu estado anterior — ou até mesmo a um estado melhor. Muitos nunca tiveram um casamento ou uma vida familiar saudável. Alguns só conheceram a disfunção em seus locais de trabalho. De que forma podemos recriar o projeto de Deus?

O retorno pode significar uma jornada interior para um tipo extraordinário de descanso e renovamento. Talvez a restauração traga à mente um determinado lugar (perto da água ou nas montanhas), um estado físico (quietude ou solidão) ou uma determinada atividade (meditação nas Escrituras ou ouvir música). A adoração surge livremente do coração satisfeito daqueles cujas necessidades são supridas.

Vi um proeminente pastor ficar sem palavras, depois de sua instigante apresentação para outros líderes sobre sua visão ambiciosa, quando lhe perguntaram: "Você dá ao seu pessoal uma chance para descansar?". Na melhor das hipóteses, essa pergunta não se referia apenas a tempo de compensação ou benefícios de férias. Tratava-se de promover um ritmo de restauração e renovamento para nós mesmos e para aqueles que lideramos. Tratava-se da qualidade de liderança que caracterizava o Pastor que fez este convite: "Venham a mim todos os que estão cansados e sobrecarregados, e eu darei descanso a vocês. Tomem sobre vocês o meu jugo e aprendam de mim, porque sou manso e humilde de coração, e vocês encontrarão descanso para a alma. Pois o meu jugo é suave, e o meu fardo é leve" (Mateus 11:28-30). Assim como os discípulos na encosta da montanha, podemos usufruir do descanso propiciado pelo Senhor mesmo quando estamos servindo ao Seu povo.

Restaura-me o vigor [...] e o meu cálice transborda.
Salmo 23:3,5

NOTAS

[1] Por serem pequenos ruminantes, os ovinos e caprinos constantemente mastigam os alimentos que processam por meio de quatro estômagos.

[2] Lembro-me de dois irmãos mencionados em Gênesis: Jabal, o "pai daqueles que moram em tendas e criam rebanhos", e seu irmão, Jubal, "o pai de todos os que tocam harpa e flautas" (4:20-21).

[3] O verbo hebraico para "restaurar" e "renovar", *hayah*, significa "voltar à vida"!

[4] Tradução literal do termo hebraico *menukhot*.

A tua vara e o teu cajado me confortam.
Salmo 23:4

Dia 13

O CAJADO

Dois simples utensílios de madeira tornaram-se símbolos das funções do pastor entre o rebanho, duas extensões da presença do pastor entre eles. A vara e o cajado tinham propósitos específicos. Examinaremos a vara em outro momento, quando considerarmos a proteção e a disciplina. O cajado é o símbolo do cuidado e um emblema adequado para o perfil de provedor que estamos esboçando. Com ele, o pastor oferece assistência, orientação e incentivo gentis.

O cajado é alto e geralmente tem uma curvatura na parte superior. É feito de um galho longo e reto. Sua curvatura é tradicionalmente formada pelo aquecimento e flexão da extremidade, ainda verde, esfregando-a com óleo. Tal curvatura é útil para puxar os galhos altos para as cabras, resgatar animais presos fora do alcance das mãos e empurrar os recém-nascidos para suas mães. O cajado tem inúmeras utilidades, entre elas a de servir de apoio para o pastor enquanto observa atentamente o rebanho. Passei a ver o cajado como uma extensão da presença carinhosa e orientadora do pastor.

Um dos momentos críticos em que o cajado é necessário é durante o nascimento dos cordeiros. Embora os pastores geralmente estejam envolvidos fisicamente durante esse processo, o cajado permite que eles mantenham distância suficiente para que a natureza siga seu curso com o mínimo de interferência. Phillip Keller descreve essa interação de forma muito terna.

> Já tive ocasião de ver pastores habilidosos manejando o cajado rapidamente entre milhares de fêmeas que davam cria ao mesmo tempo. Com movimentos rápidos, mas gentis, ele elevava o cordeirinho com o cajado e o colocava ao lado da mãe. É uma cena tocante que pode manter um espectador admirando-a horas e horas.[1]

Quando a mãe rejeita o recém-nascido, os pastores recorrem a várias estratégias para que os cordeiros sejam aceitos por outras ovelhas. Se uma ovelha teve um natimorto, eles podem cobrir um cordeiro órfão com a pele do que morreu. Com o constante estímulo do cajado, a ovelha se depara com o necessitado desgarrado e escondido sob um cheiro familiar. Os cordeiros podem parecer independentes, caminhando logo após o nascimento, mas são extremamente dependentes desse vínculo inicial com a mãe, seja ela adotiva ou biológica.

O cajado também é extremamente importante nas operações de resgate. As ovelhas costumam ficar presas em buracos, cercas, arbustos e fendas. Elas podem ficar atoladas na lama ou, pior ainda, serem arrastadas por uma repentina enchente. O cajado se torna uma extensão do braço do pastor, que se aproxima cuidadosamente da criatura isolada e a puxa de volta para um lugar seguro.

Esse instrumento útil também pode guiar as ovelhas em uma passagem, indicando levemente o caminho com um toque no flanco. O cajado separa gentilmente as ovelhas umas das outras quando surge uma tensão entre elas e as reúne quando necessário. Um simples cajado se torna uma extensão tangível e tátil da voz do pastor, expressando preocupações ou orientações às ovelhas ao longo do dia.

O uso mais interessante do cajado é, nas palavras de Keller, estar "em contato"[2]. Caminhando lado a lado, quase como se estivesse de mãos dadas. O pastor pode simplesmente encostar o cajado na lateral de um animal especial. Isso porque talvez ele precise de uma afirmação mais frequente. Ou porque é mais provável que ele se desvie. Ou talvez seja simplesmente por ser o seu favorito.

No universo bíblico, o cajado era um símbolo da liderança de uma pessoa. O antigo hieróglifo egípcio para "governante" ou "príncipe" era uma representação pictórica do cajado do pastor. O cajado de Moisés foi o instrumento pelo qual Faraó foi forçado a testemunhar o poder de Deus (veja Êxodo 7:10). O florescer do cajado de Arão foi a confirmação sobrenatural da escolha de Deus pela sua linhagem familiar para a liderança sacerdotal (veja Números 17). Mas, na maioria das vezes, esse instrumento simples e comum de pastor era a assinatura de identificação de indivíduos, uma expressão física de suas identidades únicas (veja Gênesis 38:18,25). De fato, quando Deus chamou Moisés pela primeira vez, o fortalecimento de seu cajado confirmou o chamado (veja Êxodo 4:2-5). Seu cajado de pastor assumiu uma dimensão espiritual.

Com esse pano de fundo, acho que é mais do que coincidência o fato de Jesus ter enviado seus discípulos para o ministério dizendo-os para "não levar coisa alguma na viagem, exceto um cajado" (Marcos 6:8 NVT).

O cajado me ajuda a pensar sobre o pastoreio indireto — o que fazemos à distância. Os recém-nascidos na fé precisam estar ligados a um mentor ou a um grupo de cuidados para usufruir de apoio e aconselhamento. Eles precisam ser estimulados pelo "cajado" de um pastor para que tenham um bom relacionamento, onde possam pertencer e florescer. Os pastores não podem se envolver pessoalmente com cada um deles. Eles dão início aos relacionamentos. É muito apropriado que chamemos nossa equipe de apoio de *staff* [N.T.: Palavra que no inglês significa também "cajado". No português, ela está dicionarizada e significa: "o conjunto das pessoas que compõem o quadro de uma instituição, empresa etc.; pessoal" (*Dicionário Houaiss*, 2009)].

Também precisamos do cajado de resgate do pastor. Assim como as ovelhas, as pessoas ficam presas. Lembro-me da primeira vez que tentamos ajudar uma mãe solteira em uma casa de assistência social. Nossos instintos de solução de problemas esbarraram na rede sistêmica do abrigo interior do desânimo, do abuso, da baixa autoestima e de um labirinto de hábitos e relacionamentos doentios. Ela precisava de creche, apoio educacional, aconselhamento, treinamento profissional, defensores, amigos e uma igreja acolhedora. O cajado era todos esses meios tangíveis de ajuda.

Todos nós podemos ficar presos e necessitaremos de resgate. Um fugitivo cheio de sonhos agora é um fujão cínico. Um profissional de meia-idade abandona a carreira e o cônjuge por uma miragem romântica. Um sincero pastor se encontra em seu quarto pastorado e se pergunta por que está sendo solicitado a renunciar mais uma vez. Um cuidador está preso em casa com uma criança com deficiência ou um pai idoso, paralisado em um mundo que se tornou cinza com a depressão e o desespero. Essas e muitas outras pessoas precisam de um cajado estendido a elas.

As pessoas estão presas em dívidas, presas em comportamentos compulsivos, presas na prostituição. Elas estão presas em uma fenda quase invisível, com sentimentos desesperados de insegurança, ideias confusas sobre sexualidade ou uma bússola moral completamente quebrada.

Quando ficamos presos, nossa única esperança é que alguém com interesse sincero e persistência gentil passe por cima da fenda com um cajado e nos resgate. O cajado pode ser um texto, um telefonema ou uma cesta de flores na porta ou na escrivaninha.

O uso mais sutil do cajado é estar "em contato" com alguém que talvez precise apenas de uma palavra de incentivo ou de um abraço. Essas são formas de dizer "tudo ficará bem" ou "estou ao seu lado". Essas declarações ecoam duas das mensagens mais comuns que Deus fala às pessoas na Bíblia: "Não tenha medo" e "Eu estou com você". O cajado representa essas mensagens. Uma nota adesiva na tela de um computador, uma guloseima deixada sobre a mesa no almoço, uma festa surpresa, uma avaliação positiva pelo trabalho, um telefonema no aniversário da morte de um ente querido ou uma passagem das Escrituras lida ao lado da cama de alguém.

Todos nós precisamos de emblemas tangíveis do cuidado de um pastor para que possamos dizer com segurança: "a tua vara e o teu cajado me confortam" (Salmo 23:4).

NOTAS

1 KELLER, W. Phillip Keller. *Nada me Faltará: O Salmo 23 à luz das experiências de um pastor de ovelhas*. Minas Gerais: Ed. Betânia, 1984, p. 84-85.

2 Ibid, p. 86.

...as ovelhas reconhecem sua voz e se aproximam.
Ele chama suas ovelhas pelo nome.

João 10:3 (NVT)

Dia 14

NOMEADOS E CONHECIDOS

Depois de voltar de um ano de entrevistas de campo, continuei lendo histórias de pastores, ocasionalmente de outras regiões do mundo. O relato a seguir vem de um livro sobre pastores na Índia. Nele, encontro um sentimento autêntico expresso por muitos dos pastores que conheci no Oriente Médio.

Há três semanas, quando acampamos perto da estação de trem de Kaneda, Ghewarji, enquanto estava de sentinela, adormeceu durante a noite. O pobre homem tinha acabado de voltar de sua casa e ainda estava se recuperando de todo o trabalho que sua esposa o obrigou a fazer... Pela manhã, Modaramji deu falta de sete ovelhas em seu rebanho. Você pergunta: Como ele sabia que exatamente sete estavam faltando entre as mais de 300 que possuía? Bem, Moda conhece todas as suas ovelhas pelo nome... Não sorria. Cada ovelha tem um nome e, quando Moda chama, elas vêm correndo. E o mesmo acontece com todos os pastores que são filhos de suas mães.[1]

As ovelhas sabem que pertencem a um pastor. Elas são nomeadas, conhecidas e contadas todos os dias². A nomeação geralmente ocorre logo após o nascimento, especialmente se houver alguma característica distintiva. Imagine a Manchada, a Marrom, a Orelhas Fofas ou a Cauda Curta. Outras recebem o nome do local de nascimento ou da experiência do parto. Assim, uma pode ser Hebron, outra Chegada-Difícil. Assim como acontece com os nomes de pessoas, alguns são alterados devido a algum evento crítico ou a uma identidade que surge com o tempo. Pense em Andarilha ou Obstinada.

A nomeação é uma expressão poderosa e tangível do vínculo íntimo do pastor, que começa no nascimento e cresce ao longo da permanência do animal em um rebanho. Depois que você imagina quantas vezes um animal foi contado, verificado, carregado, cuidado para recuperar a saúde, resgatado, protegido, ordenhado e tosado, você entende por que os beduínos sempre dizem: "Eles são da família".

Considere o conhecimento extremamente íntimo de um pastor sobre os membros dessa extensa família.

> As mães, que somam 51 (42 ovelhas e 9 cabras), foram afastadas dos cordeiros por Faláh e Salim, enquanto Nasir começou a chamá-las pelo nome e, quando cada uma delas pôde se aproximar, Nasir tirou o laço do pescoço do

filhote e o entregou à mãe. Ele conhecia cada mãe e cada cordeirinho. O mais surpreendente é que ele chamava cada ovelha e escolhia seu cordeiro na mais completa escuridão... Durante todo o processo de soltar os cordeiros, chamar as mães e entregar a cria à mãe para mamar, ele chamava nome por nome em meio ao barulho do "baaing" das mães e dos cordeiros chorando por comida. Para mim, era um pandemônio; para Nasir e Faláh, um procedimento cotidiano... Ele conseguia reconhecer cada mãe e cada filhote pelo toque com os olhos fechados. Todos eram pretos, mas ao sentir as cabeças e as costas, ele sabia pelo toque qual era qual.[3]

Em uma entrevista com Abu-Munir, perguntei-lhe quanto contato ele tinha com seu rebanho de 2.000 ovelhas. Era um homem abastado, com duas esposas, cada uma em uma casa separada, e com ajuda contratada para supervisionar diferentes subgrupos. Ele claramente não precisava estar no campo. Sua resposta me surpreendeu: "Estou com as ovelhas todos os dias. No verão, também durmo ao ar livre com elas"[4].

Em seguida, ele disse algo ainda mais surpreendente: "Se eu não estivesse com elas todos os dias, não deveria ser o pastor delas". Que vínculo entre pastor e ovelha! Ele estava preocupado com a possibilidade de perder o contato com elas se não estivesse entre elas todos os dias.

Conheci outros dois pastores, um homem com mais de 80 anos e uma mulher com mais de 100 (!), que insistiam em manter um pequeno rebanho. Embora cada um deles tenha sido pressionado pela família a renunciar a seus animais, a resposta de ambos foi a mesma: "Não posso viver sem eles. Eles são da família".

Pastores atenciosos e dedicados como esses me lembram o homem pobre da parábola do profeta Natã que

> *nada tinha, a não ser uma cordeirinha que havia comprado. Ele a criou, e ela cresceu com ele e com os seus filhos. Comia junto dele, bebia do seu copo e até dormia nos seus braços. Era como uma filha para ele.* 2 Samuel 12:3

Os rebanhos se tornam membros da família.

O personagem fictício de Natã é como o divino Pastor do Salmo 23. Nesse poema, ocorre um movimento sutil. Declarações indiretas *sobre* o Pastor ("ele me faz repousar", "me conduz", "restaura-me", "guia-me", "por amor do seu nome") mudam para declarações diretas *ao* pastor ("tu estás comigo", "a tua vara e o teu cajado me confortam", "Preparas um banquete diante de mim", "Unge a minha cabeça"). Esse salmo atemporal de uma única "ovelha" expressa a certeza e a segurança de ser conhecido, cuidado e contado.

Jeremias prevê um dia em que "Nas cidades dos montes [...] no território de Benjamim, nos povoados ao redor de Jerusalém [...] passarão novamente ovelhas sob as mãos daquele que as conta" (Jeremias 33:13). Em João 10, o bom Pastor "chama as suas ovelhas pelo nome e as leva para fora. Depois de conduzir para fora todas as suas ovelhas, vai adiante delas, e estas o seguem, porque conhecem a sua voz" (vv.3-4). A Bíblia frequentemente descreve momentos cruciais em que Deus dá a alguém um novo nome. E quando os profetas descrevem o futuro, isso geralmente envolve um momento em que todos nós receberemos um novo nome (veja Isaías 62:2; Apocalipse 2:17; 3:12).

Será que já percebemos plenamente a segurança e a certeza que advêm do fato de sermos nomeados e conhecidos? O conhecimento íntimo que Deus tem de cada indivíduo de seu rebanho começou antes de nascermos. Ele nos moldou no ventre de nossa mãe e ordenou os dias de nossa vida (veja Salmo 139:13,16). Ele sabe até quanto fios de cabelo temos em nossa cabeça (veja Mateus 10:30). Seus pensamentos sobre nós são grandes e incontáveis (veja Salmo 139:17-18).

Que tipo de conhecimento temos sobre as pessoas de nosso rebanho? Seus nomes são apenas o começo de suas identidades distintas. As pessoas a quem servimos não podem se tornar para nós apenas "funcionários", "leigos", "membros", "alunos" ou "as crianças". Esses papéis são estranhos à identidade principal de cada um. Nossos rebanhos são coleções de pessoas — indivíduos com sentimentos, aspirações, convicções, necessidades e nomes. Eles têm histórias que moldam suas perspectivas e chamados peculiares. Será que avaliamos plenamente o impacto, a influência e a motivação de cada um? Cada indivíduo recebe recursos e é disciplinado de forma personalizada? Cada um recebe as condições certas para prosperar? Eles nos seguem como nós seguimos o bom Pastor — por que sabem que são conhecidos?

Um pastor sênior que eu respeito muito dizia regularmente à sua equipe pastoral: "Não quero encontrá-los em seus escritórios com frequência". Ele esperava que eles estivessem com as ovelhas todos os dias, cultivando relacionamentos e construindo intimidade. Se nossas igrejas forem verdadeiras expressões da "casa de Deus" (1 Timóteo 3:15; 1 Pedro 4:17), os pastores saberão os nomes. "Conheça bem o rosto de seu rebanho" (Provérbios 27:23, parafraseado pelo autor).

NOTAS

1. AGRAWAL, Arun. *Greener Pastures: Politics, Markets, and Community among a Migrant Pastoral People* (Pastos mais verdes: Política, Mercados e Comunidade em um povo pastoral migrante). Durham, NC: Duke University, 1999, p. 21-22.

2. Embora muitos grupos na Jordânia não nomeiem cada um de seus rebanhos, isso é comum em outras regiões. Veja DICKSON, H. R. P. *Arabs of the Desert: A Glimpse into Badawin Life in Kuwait and Sau'di Arabia* (Uma visão da vida dos Badawins no Kuwait e na Arábia Saudita). Londres: George Allen & Unwin, 1949, 1951, p. 402-403.

3. Dickson, *Arabs of the Desert*, p. 403-404. Essa nomeação e conhecimento são típicos das tribos Awazim do Kuwait e de Najd.

4. Esse proprietário é atípico em seus padrões autoimpostos de envolvimento diário. Mais comumente, o pastoreio é deixado nas mãos do mais jovem da família com a supervisão dos pais. Esse foi provavelmente o caso de Davi em sua juventude.

PROTEÇÃO

*Estabelecerei sobre eles pastores que cuidarão deles.
E não mais terão medo ou pavor.*
Jeremias 23:4

Dia 15

CORAGEM

Encontrei pastores de ovelhas constantemente se referindo à necessidade de proteção, já que um ambiente selvagem é tanto fonte de alimento quanto centro de perigos. Os pastores precisam explorar os recursos que fornecem vida nesses ambientes desolados e, ao mesmo tempo, proteger seus rebanhos das ameaças fatais sempre presentes ali. Eles descreveram seus cães, rifles e a segurança de seus apriscos. Ouvi histórias e mais histórias sobre hienas, panteras, lobos e ladrões. A geografia e o clima — a areia, o sol, o vento e as enchentes —, também conspiram contra o bem-estar de um rebanho.

Uma das ironias do pastorício no deserto é que, embora os animais do rebanho sejam fisiologicamente adaptados às terras áridas, eles são completamente indefesos nessas regiões remotas. As ovelhas não têm dentes afiados nem garras. Sua visão se limita a 10 ou 15 metros. A forma instintiva desses animais se defenderem é a de se juntarem em bandos, pois o isolamento é sinônimo garantido de aniquilamento. A única fonte confiável de segurança é a presença do pastor. Logo, um rebanho não pode ficar sozinho!

A total dependência das ovelhas em relação aos pastores é comumente observada. O mais impressionante é submissão passiva delas à liderança humana, mesmo durante a marcação, a tosquia e o abate. Embora esse notável comportamento possa facilmente levar a abusos, os bons pastores consideram esse temperamento digno de respeito. Os pastores de Sarakatsani dizem: "As ovelhas são dóceis, resistentes, puras... elas sofrem em silêncio. Para corresponder a essa pureza e coragem passiva, os pastores devem ser guardiões destemidos e dedicados"[1].

Quanto mais eu ouvia os pastores de ovelhas se referirem à coragem, mais eu entendia o papel deles de protetores. Encontrei um orgulho característico entre os pastores que enfrentaram tempestades por seus rebanhos, lutaram corpo a corpo com predadores selvagens e dormiram ao relento, prontos para defender suas ovelhas com a própria vida. Em uma entrevista, um beduíno jordaniano se gabou de seu irmão: "Najida é forte de coração. Ele já dormiu em uma caverna com uma hiena!". Outro pastor me mostrou suas mãos para provar quantas vezes havia sido picado por víboras e mordido por outros animais selvagens.

Essa vida traiçoeira é demais para os fracos de coração. Um garoto declarou: "Havia muito perigo para mim todos os dias. As dunas são perigosas. A selva perto do rio é perigosa. Todas as hienas vivem nas dunas ou na selva. Além disso, pode ser que um ladrão apareça e eu não o veja"[2]. Consigo ter empatia pelo pavor desse jovem pastor. Quando a escuridão cai, qualquer um pode entrar em pânico. Porém, se ele fugir, todo o rebanho será vitimado.

Quando o salmista ora: "Ainda que eu ande pelo vale da sombra da morte, não temerei mal algum" (Salmo 23:4 NAA), sua confiança está fundamentada na coragem destemida e na vigilância de seu Pastor divino. Embora pastos verdes e águas tranquilas sejam essenciais para a saúde e o bem-estar das ovelhas, o provedor também deve ser um protetor confiável para a sobrevivência do animal dependente dele. Geralmente pensamos em Davi como um pastor-poeta, mas antes de se tornar rei, ele também foi reconhecido como um valente guerreiro (veja 1 Samuel 16:18).

Fiquei surpreso com a quantidade de reis antigos que se descreviam como pastores-guerreiros. Considere as palavras do rei neo-assírio Assurnasirpal I, uma figura mais ou menos contemporânea de Davi:

> Sem rival entre os príncipes dos quatro cantos..., o maravilhoso pastor, que não teme oposição, o poderoso dilúvio que não tem conquistador, o rei que subjugou aqueles que não lhe eram submissos... o poderoso herói que pisa no pescoço de seu adversário, que pisoteia todos os inimigos, que esmaga o poder dos arrogantes.[3]

Na Grécia antiga, o pastoreio era associado metaforicamente à liderança militar mais do que a qualquer outra atividade. Os principais escritores do período clássico frequentemente retratavam os comandantes gregos como pastores, e a imagem pastoral era ocasionalmente qualificada com referências à intimidade e à preocupação com os homens sob a responsabilidade deles. Os generais pastores eram carinhosos com seus "rebanhos" e ferozes protetores de suas terras. Aparentemente, eles consideravam essa combinação de papéis natural e congruente.

Quanto mais eu estudava esses textos junto com as Escrituras, mais eu percebia que essa combinação era bíblica. O povo de Deus era frequentemente ameaçado por exércitos invasores. Pior ainda, eles eram maltratados e perseguidos por seus próprios líderes. Deus prometeu estabelecer líderes, pastores sobre o Seu povo a fim de que eles não tivessem mais "medo ou pavor" (Jeremias 23:4)[4].

Em João 10, encontramos o cenário que ampara a declaração de Jesus sobre Ele ser o bom Pastor. Sua compaixão por um homem cego o levou a entrar em conflito com os líderes religiosos que Ele implicitamente acusou de ladrões, de mercenários e até de lobos. Somente o legítimo Líder de Israel poderia ser confiável para proteger Suas ovelhas. Ele não faria menos do que dar a vida por elas.

O bom Pastor foi mais direto em outros discursos. Em uma série de predições, Ele condenou os egoístas líderes religiosos. Ele se referiu a eles como "Serpentes! Raça de víboras!" (Mateus 23:33), visto que a intenção deles era apenas prejudicar. Jesus foi um pastor profético tenaz que desafiou a liderança de Israel quando viu que as multidões "estavam aflitas e desamparadas, como ovelhas sem pastor" (Mateus 9:36).

Neste segundo segmento de nossa jornada, tentaremos equilibrar a provisão de cuidado e compaixão com a proteção vigilante e corajosa advindas do pastor. Cada atribuição exige um sentimento e uma postura diferentes. Uma exige um coração sensível, a outra um coração forte. Aprenderemos a ser "espertos como serpentes e simples como pombas" (Mateus 10:16 NVT). Seremos chamados a cuidar durante o dia e a vigiar durante a noite. Alguns de nós preferem a misericórdia à justiça, a graça à Lei, o cajado à vara. Outros preferem o oposto. Mas, como pastores, precisamos ocupar confortavelmente os dois papéis. Os pais que colocam seus filhos para dormir com uma história, uma oração e um beijo carinhoso são os mesmos que verificam o sistema de alarme, trancam as portas e reagem rapidamente quando o cachorro da família late. Entendemos intuitivamente que o amor se expressa de ambas as formas. Assim também, o pastoreio cristão implica, na mordomia concedida por Deus, em expressões tangíveis de provisão compassiva e proteção corajosa àqueles que estão sob os nossos cuidados.

Descobri que esse equilíbrio está em falta nas comunidades cristãs — igrejas, organizações sem fins lucrativos, universidades, pequenos grupos. Por vezes, o conselho deliberativo evita discutir questões delicadas visto que os sentimentos de alguém podem ser feridos. No entanto, o destino dos membros da instituição que lideramos depende de nossas decisões. O pastoreio exige que, às vezes, façamos *lobby*, advoguemos com determinação e organizemos esforços contra a opinião popular. O pastoreio exige que ergamos "a voz em favor dos que não podem defender-se" (Provérbios 31:8). Por fim, o pastorício exige uma identificação com nosso rebanho que leva a riscos e a sacrifícios pessoais.

O rabino Leo Baeck estava determinado a ajudar seus companheiros judeus na Alemanha durante o Holocausto. Ele se entregou voluntariamente e foi levado para um campo de concentração. Quando ativistas dos países aliados tentaram organizar uma troca de prisioneiros para libertar Baeck, foi-lhes dito:

"Sua missão é em vão; se o homem é como você o descreveu, ele nunca abandonará o seu rebanho"[5].

Que todos nós aspiremos à essa expressão de liderança pastoral.

NOTAS

1 CAMPBELL, John Kennedy. *Honour, Family, and Patronage: A Study of Institutions and Moral Values in a Greek Mountain Community* (Honra, família e patronagem: Um estudo de instituições e valores morais em uma comunidade grega nas montanhas). Oxford: Clarendon, 1964, p. 26.

2 CRITCHFIELD, Richard. *The Golden Bowl Be Broken: Peasant Life in Four Cultures* (A taça de ouro será quebrada: A vida camponesa em quatro culturas). Bloomington: Indiana University Press, 1973, p. 28.

3 LUCKENBILL, Daniel David. *Ancient Records of Assyria and Babylon, vol. 1, Historical Records of Assyria from the Earliest Times to Sargon* (Registros antigos da Assíria e da Babilônia, v. 1, Registros históricos da Assíria desde os primeiros tempos até Sargão). Chicago: University of Chicago Press, 1926, p. 39.

4 O rei babilônico Hamurabi escreveu: "Eu fiz os povos descansarem em habitações amigáveis... Não permiti que tivessem alguém para aterrorizá-los" em PRITCHARD, James B. (ed.), *Ancient Near Eastern Texts Relating to the Old Testament* (Textos do Antigo Oriente Próximo relacionados ao Antigo Testamento). Princeton: Princeton University Press, 1969, p. 178.

5 PASACHOFF, Naomi E. *Great Jewish Thinkers: Their Lives and Work* (Grandes pensadores judeus: Suas vidas e obras). Millburn, NJ: Behrman House, 1992, p. 154.

O S̀ENHOR *o protegerá de todo o mal,
protegerá a sua vida.*

Salmo 121:7

Dia 16

OBSERVANDO SEUS REBANHOS

Conheci Amir, um jovem e comunicativo pastor, perto de Arad, no sul de Israel. Ele descreveu as diferenças entre os pastores de vilarejo e os pastores do deserto, como ele: "Conhecemos melhor o ambiente porque vivemos aqui. Ouvimos, vemos e sentimos coisas que os outros não sentem. É por isso que o governo nos contrata como guias". Eu já tinha ouvido histórias incríveis sobre rastreadores beduínos que conseguiam encontrar fugitivos, animais perdidos ou fontes ocultas de água no que, para o restante de nós, parece ser uma região seca e vazia.

Amir explicou sobre a importância da capacidade de "ver" o que nem sempre é visível quando eles escolhem novos pastos. Um *baheth* (inspetor) vai à frente dos rebanhos em um camelo e verifica se há água e pasto suficientes para eles. E mais importante ainda, o *baheth* examina a área em busca de possíveis esconderijos para ladrões, evidências de predadores, abrigos naturais para proteção e cavernas ou precipícios em que os animais possam se machucar. O *baheth* também precisa discernir se há outros pastores nas imediações que possam contestar sua realocação. O roubo de pastagens é comum entre eles. No mundo de Amir, "o que conta não é quem chega lá primeiro, mas sim quem é mais forte".

Quando um rebanho faz um movimento importante, a necessidade de uma visão intuitiva e baseada em informações só aumenta. Os pastores de ovelhas passam grande parte de seu tempo observando seus rebanhos. A princípio, essa atividade parece inatividade passiva (pela qual os pastores são ocasionalmente criticados), mas a observação envolve vigilância contínua, atenção ativa ao que está acontecendo e preocupação constante com o que pode acontecer. Você não pode se dar ao luxo de sofrer perdas devido à falta de prognóstico.

Às vezes, pergunto aos pastores quanto ao que eles procuram quando vejo olhar intenso deles acompanhar o movimento de seus rebanhos. Que experiência, que conhecimento, que preocupações estão por trás desse olhar persistente enquanto eles fazem uma pausa em sua equipe ou passeiam entre os rebanhos? A mente ativa deles faz um inventário contínuo procurando por ameaças humanas e predadores; avaliando o clima, a vegetação e os suprimentos; verificando se há sinais de desidratação, doenças e ansiedade; inspecionando as mães, os filhotes e os doentes;

e contando os animais periodicamente. Eles se questionam com frequência: Quais animais precisam ser separados hoje? Quais devem permanecer no local amanhã? O casco deste vai se curar? Por que aquela ovelha está dando tão pouco leite? Aquela dará à luz gêmeos? Este é o último ano daquele carneiro?

O olhar atento não se limita a fazer um balanço de informações detalhadas. Por vezes, os pastores ficam à distância para ter uma visão geral. Eles podem estar intuindo o humor do rebanho ou reconsiderando um movimento importante à luz do que eles enxergam. Esse tipo de visão é uma questão de percepção, discernimento, instinto e conhecimento. Essas características são essenciais para as pessoas envolvidas na *supervisão*.

O verbo bíblico hebraico *shamar*, normalmente traduzido como "vigiar", pode significar "guardar" ou "supervisionar". Os pastores são vigias e guardas do rebanho, aqueles que o supervisionam[1]. À noite, seu principal dever é proteger os animais sob seus cuidados contra ladrões e predadores.

Ao pesquisar as páginas das Escrituras, encontrei escritores bíblicos usando, de forma bem natural, vigiar ou supervisionar como uma expressão de liderança semelhante à do pastor. No Salmo 121, *shamar* é usado seis vezes em oito versículos para descrever a proteção pastoral de Deus nos desertos da vida. Pedro, citando Isaías 53:6, lembra seus leitores: "Vocês eram como ovelhas desgarradas, mas agora voltaram para o Pastor, o Guardião de sua alma" (1 Pedro 2:25 NVT). Tendo estabelecido o padrão, Deus julga os pastores imprudentes que não cuidam do rebanho sob os cuidados deles (veja Jeremias 23:2).

Como copastores, os presbíteros são convocados: "Cuidem de vocês mesmos e de todo o rebanho sobre o qual o Espírito Santo os designou como bispos, para pastorearem a igreja de Deus, que ele comprou com o seu próprio sangue" (Atos 20:28). Embora o termo grego usado aqui para "supervisor" (*episkopos*) seja frequentemente traduzido como "bispo" (uma designação técnica para uma posição eclesiástica), seu significado principal diz respeito a função.[2] Ele se refere àqueles que cuidam ou supervisionam o rebanho. Supervisores atentos conquistam a confiança tanto das ovelhas quanto do Supremo Pastor (veja João 10:3).

Eis a função central e contínua do pastoreio bíblico: cuidar do rebanho, estar atento aos perigos, observar e vigiar as pessoas e supervisionar o bem-estar delas. Paulo exorta: "Portanto, não durmamos como os demais, mas estejamos alerta[3] e sejamos sóbrios" (1 Tessalonicenses 5:6). O maior exemplo das Escrituras é o Supervisor divino: "o protetor de Israel não cochila nem dorme!" (Salmo 121:4).

Em qualquer organização, inclusive na igreja, liderança requer a capacidade de realizar bem muitas tarefas. Contudo, no âmago da função do líder encontra-se algo mais sutil e subjetivo: discernimento, supervisão atenta. Liderar significa observar. Exige a capacidade de ver e sentir as coisas como um *baheth* beduíno. Tal capacidade é necessária quer sejamos pastores, pais, CEOs, treinadores, professores em sala de aula ou mentores individuais.

Liderança significa prestar atenção ao bem-estar dos membros e da equipe, às tendências morais, aos sinais de inquietação e às evidências de riscos emergentes. Às vezes, as mudanças mais sutis no comportamento do rebanho sugerem angústia, desacordo ou alarme. Quem, às custas da saúde pessoal, está trabalhando demais? Quem está se escondendo em uma ocupação ineficaz? Quem está sofrendo bullying e abuso? Os inimigos podem ser visíveis como invisíveis. Podemos enxergá-los? Estamos atentos a eles? Como conselheiros treinados, os líderes precisam desenvolver esse senso extra para "enxergar" o que as pessoas geralmente comunicam sem palavras.

Como líderes, também precisamos pensar com mais cuidado sobre o impacto da mudança. Embora a mudança, por vezes, não seja bem-vinda, ela caracteriza a vida neste mundo. Como um *baheth*, precisamos explorar cada nova área e preparar cuidadosamente nossos rebanhos para uma significativa transição.

Um líder experiente deixou o seu cargo depois de muitos anos porque, em suas palavras, "todas essas atividades o impediam de pastorear o rebanho". Sua frustração era investir "na tenda" o tempo que deveria ser dedicado a cuidar das pessoas que estavam sob seus cuidados. Cuidar de seu rebanho era a razão principal pela qual ele se tornara um líder.

Estamos zelando cuidadosamente de nossos rebanhos ou presumimos que eles podem cuidar de si mesmos?

Uma última reflexão sobre a vigilância. Devido à liderança ser tão exigente, precisamos facilitar a vida dos bons pastores quando somos as ovelhas que eles vigiam.

> *Obedeçam aos seus líderes e sejam submissos a eles, pois cuidam de vocês como quem deve prestar contas. Obedeçam-lhes para que eles cuidem de vocês com alegria, não com descontentamento.*
> Hebreus 13:17

Ainda quanto a isso, veja também o que Paulo escreve em 1 Coríntios 16:15-16 e em 1 Tessalonicenses 5:12-13. Mas, como logo aprenderemos, nem todos os pastores são bons, e a submissão não pode ser incondicional.

NOTAS

1 Sob as ordens de seu pai, Davi levou mantimentos aos seus irmãos no acampamento dos exércitos de Saul. Ao fazer isso, ele "deixou as ovelhas com um guarda" (1 Samuel 17:20 NAA). Aqui é usada a palavra *shamar*.

2 Veja Filipenses 1:1; 1 Timóteo 3:2; Tito 1:7

3 O mesmo verbo, *gregoreo* ("estar alerta, desperto, vigilante"), é usado por Pedro: "Estejam alertas e vigiem. O Diabo, o adversário de vocês, ronda como um leão, rugindo e procurando a quem devorar" (1 Pedro 5:8).

*Sei que, depois da minha partida, lobos ferozes penetrarão
no meio de vocês e não pouparão o rebanho.*

Atos 20:29

Dia 17

RECONHECENDO OS LOBOS

À medida que, no deserto, a luz do dia dá lugar às sombras escuras, os pastores ficam alertas e perceptivelmente ansiosos. O deserto agora é um lugar ameaçador. Os olhos vasculham o horizonte que escurece. Os ouvidos se esforçam para detectar indícios de algum perigo próximo. A conversa ao redor da fogueira é interrompida pelos sons de movimentos distantes.

A noite chega repleta de ameaças, a maioria raramente visível e quase inaudível. Agora é o momento em que as hienas saem de seus covis. Chacais e panteras despertam. E os predadores mais astutos e persistentes: os lobos, contornam os cumes.

A essa altura, já foram realizados os rituais noturnos de contagem e confinamento do rebanho em um redil próximo à tenda. Às vezes, ovelhas e cabras são amarradas juntas sob a tenda. Essa proximidade noturna proporciona calor e, o mais importante, segurança contra os lobos. Uma vez que os rebanhos estão seguros, a contenda começa. Não há margem para descuido. O inimigo é astuto, ousado e eficaz, especialmente quando movido pelo frio e pela fome. O inevitável é afirmado por outro observador:

"Nos acampamentos no alto das montanhas, [os pastores] ficam acordados a noite toda, gritando, assobiando e atirando pedras em todas as direções, enquanto os cães latem até ficarem roucos. Essas precauções são plenamente justificadas, pois os lobos causam perdas contínuas"[1]. Essas perdas são suficientemente comuns para justificar este provérbio árabe: "Até o findar da noite, os gritos são ouvidos"[2].

O deserto é o lar natural tanto do rebanho quanto da matilha. Enquanto os pastores vigiam seus rebanhos, os lobos também o fazem. É um jogo noturno de observação, espera e perspicácia. Outro provérbio árabe reconhece o resultado inevitável da negligência: "Se, em uma terra de garras e presas, alguém conduz seu rebanho a pastar balindo e não o vigia, ele entrega ao lobo a sua presa"[3].

À noite, rastejando ao redor de um aprisco, um bando de lobos astutos agindo juntos pode facilmente atacar várias ovelhas escolhidas — especialmente aquelas isoladas do rebanho. Cordeiros geralmente são levados sem o som do balido de uma ovelha ou do latido de um cão. No escuro, um jovem pastor assustado clama por misericórdia: "Poupe meus filhos, ó lobo, e poupe minhas mães-cabras, nem me faça mal, pois sou tão pequeno para cuidar de um rebanho tão grande"[4]. Munír, outro pastor, admitiu: "Talvez se eu estivesse sozinho com o rebanho e dois ou três [lobos] viessem, eu os deixaria pegar uma ovelha e ir embora"[5].

Em uma boa noite, os lobos perdem a batalha. Quando o dia amanhece, eles dão um uivo distinto e assustador. Assim, eles esperarão pacientemente até a noite seguinte.

Jesus se comparou a um bom pastor que não fugiria na presença de um lobo que rosnasse (veja João 10:12). Na época do Novo Testamento, esperava-se que um pastor contratado defendesse o rebanho contra um lobo. No entanto, se ele fosse confrontado por vários lobos, como Munír temia, era permitido que ele fugisse para sua própria segurança[6].

O instinto de evitar o confronto é compreensível, especialmente na escuridão de uma noite no deserto. Entretanto, os resultados da passividade autoprotetora são catastróficos. Jesus afirmou: "o lobo ataca as ovelhas e as dispersa" (João 10:12). O caos se acumula na escuridão. O quadro que Jesus pinta em João 10 ecoa uma extensa parábola veterotestamentária, em que as ovelhas dispersas de Deus, separadas de seus guardiões, tornaram-se "comida de todos os animais selvagens" (Ezequiel 34:8) do deserto.

Culturalmente familiarizados com os costumes dos pastores, os escritores bíblicos usaram a designação "lobos" para se referir aos predadores humanos que destroem as comunidades *no interior delas*. Eles podem desempenhar o papel de líderes políticos ou de juízes "que nada deixam para a manhã seguinte" (Sofonias 3:3) e de oficiais religiosos (veja Ezequiel 22:26-27). O mais comum é que sejam falsos mestres. Jesus advertiu: "Tenham cuidado com os falsos profetas. Eles vêm a vocês vestidos de peles de ovelhas, mas por dentro são lobos devoradores" (Mateus 7:15).

Os mestres têm uma influência única em uma comunidade. Eles podem encaminhar à verdade ou *des*encaminhar ao erro. Jesus enviou Seus discípulos para pregar e ensinar como "ovelhas no meio de lobos" (10:16). Para isso, Ele insistiu que combinassem a inocência de uma pomba com a prudência de uma serpente.

Paulo tinha certeza de que a igreja continuaria vulnerável a lobos astutos, enganadores e altamente persuasivos, que "infiltraram-se dissimuladamente" (Judas 1:4) no meio do rebanho de Deus. Ele advertiu os membros de suas jovens congregações: "que ninguém os engane com discurso persuasivo. [...] Tenham cuidado para que ninguém os escravize por meio de filosofias inúteis e enganosas" (Colossenses 2:4,8). Quando Paulo se preparava para se despedir dos presbíteros em Éfeso, sabendo que não voltaria a vê-los, ele os exortou:

> *Cuidem de vocês mesmos e de todo o rebanho sobre o qual o Espírito Santo os designou como bispos, para pastorearem a igreja de Deus, que ele comprou com o seu próprio sangue. Sei que, depois da minha partida, lobos ferozes penetrarão no meio de vocês e não pouparão o rebanho. Dentre vocês mesmos se levantarão homens que torcerão a verdade, a fim de atrair discípulos para si. Por isso, vigiem!* Atos 20:28-31

Ouvi um ministro contar uma história preocupante a um grupo de colegas. Certa noite, ele encontrou seu pastor de jovens inquieto à porta de sua casa, solicitando amor incondicional e proteção antes de "lhe dizer algo importante". O pastor respondeu instintivamente: "Você sabe que terá minha proteção, aconteça o que acontecer". Mas a terrível realidade era que aquele pastor de jovens estava molestando menores nas dependências da igreja — talvez, até mesmo as próprias filhas do pastor[7]. Imagine fazer promessas ilimitadas a um predador! Esse lobo precisava ser exposto em vez de protegido.

Quando ouvi essa história, fiquei pensando: Como podemos capacitar e confiar nos outros dando-lhes espaço para fazer o trabalho deles sem deixá-los desobrigados de prestar contas? Meu lema agora é "Confie e confira".

Um pastor-auxiliar me ligou depois que o fracasso moral do pastor titular dividiu a igreja. Ele perguntou: "O seminário ensina quando as pessoas devem chamar a polícia e denunciar o seu pastor?".

Em qualquer comunidade intenções malévolas não são apenas possíveis, mas também prováveis. Logo, a liderança pastoral exige um olhar realista, cauteloso e até mesmo desconfiado, que espera e reconheça predadores pacientes e persistentes que se infiltram entre seu "rebanho", pois, de outra forma, ela seria ingênua. A maioria de nós preferiria não pensar que está sendo perseguida, mas estamos. A liderança pastoral demanda coragem para nomear, confrontar e afugentar os lobos. Essas ações têm um grande custo emocional para o pastor. Aqueles de nós que tomaram a difícil decisão quando tinham certeza de que alguém era perigoso, muitas vezes, sofreram com a reputação de "lobo chorão".

Os lobos rondam às margens de todas as comunidades. O interesse instintivo de um pai em proteger é substituído por um abuso predatório doentio. Um apresentador de *talk-show* leva cordeiros passivos para um antro de espiritualidade genérica, onde eles perdem suas almas. Um professor universitário ensina agnosticismo de forma eloquente, deixando a fé da infância em ruínas.

Será possível que ninguém esteja vendo essas atrocidades chegando? Um pastor vigilante permanece alerta durante as vigílias da noite, resistindo à tentação de presumir que tudo está bem. Quando sentimos a aproximação de lobos ardilosos, não podemos simplesmente virar as costas e fingir que eles se afastarão voluntariamente.

NOTAS

1 TAPPER, Richard. *Pasture and Politics: Economics, Conflict, and Ritual among Shahsevan Nomads of Northwestern Iran* (Pastagem e política: Economia, conflito e ritual entre os nômades Shahsevan do noroeste do Irã). Londres: Academic, 1979, p. 91.

2 BURCKHARDT, John Lewis. *Arabic Proverbs: The Manners and Customs of the Modern Egyptians* (Provérbios árabes: As maneiras e os costumes dos egípcios modernos). Londres: Curzon, 1984, p. 10. Publicado pela primeira vez em 1830.

3 JABBUR, Jibrail S. *The Bedouins and the Desert: Aspects of Nomadic Life in the Arab East* (Os beduínos e o deserto: Aspectos da vida nômade no Oriente Árabe). Nova York: State University of New York Press, 1995, p. 85. Outro provérbio diz: "O pastor de cabras fica grisalho muito antes de envelhecer, por, saindo do redil, perseguir o lobo a noite toda" em BAILEY, Clinton. *A Culture of Desert Survival: Bedouin Proverbs from Sinai and the Negev* (Uma cultura de sobrevivência no deserto: Provérbios beduínos do Sinai e do Negev). New Haven: Yale University Press, 2004, p. 34.

4. OUTERBRIDGE, David. *The Last Shepherds* (Os últimos pastores). Nova York: Viking, 1979, p. 22.

5. CRITCHFIELD, Richard. *The Golden Bowl Be Broken: Peasant Life in Four Cultures* (A taça de ouro será quebrada: A vida camponesa em quatro culturas). Bloomington: Indiana University Press, 1973, p. 23. Essa citação se referia originalmente às hienas, mas se aplica igualmente aos sentimentos relacionados aos lobos.

6. *Talmude babilônico Bava Metzi'a* 7:8-9.

7. Sei de vários casos em que filhos de pastor — tanto meninos quanto meninas — foram molestados por pessoas em cargos de confiança ou colaboradores. A esposa de um outro pastor amigo meu foi estuprada por um presbítero quando ele estava viajando. Infelizmente, casos de abuso sexual e estupro por líderes da igreja são muito comuns.

*Como o leão à espreita em seu esconderijo,
aguarda para atacar os desamparados.*
Salmo 10:9 (NVT)

Dia 18

ENFRENTANDO OS LEÕES

Na vastidão do Sinai, Basim expressou seu ódio pelos tigres, pois eles podem aniquilar dezenas de animais desenfreadamente, mas pegar apenas um como alimento. Você quase poderia perdoá-los por satisfazerem sua fome, mas a carnificina parece ser o jogo deles. Outros pastores desprezam mais as panteras ou as hienas. Muitos descrevem confrontos físicos com essas feras. Eles aceitaram isso despretensiosamente como um risco vocacional. "Faz parte do ser pastor. Já fui mordido, picado e atacado por tudo o que existe lá fora. Não tenho medo de nada, e nada mais me machuca", Kamal me disse com evidente orgulho. No entanto, ele não havia enfrentado o venerado inimigo arquetípico dos pastores: o leão.

Até recentemente, muitos predadores grandes e poderosos viviam nas terras bíblicas: leões, ursos, tigres, panteras, hienas e leopardos. Os pastores frequentemente os enfrentavam em combates corpo a corpo. Perder animais para os perigosos carnívoros do deserto era uma expectativa ingrata no mundo antigo. Jacó lembrou Labão que, enquanto guardava os rebanhos de seu tio, ele mesmo "assumia o prejuízo [...] por todo animal roubado de dia ou de noite" (Gênesis 31:39). É possível afugentar um leão invasor apenas para encontrar evidências horríveis de um animal desaparecido. Os pastores contratados que perdiam uma ovelha ou cabra para um predador estavam isentos de penalidade, desde que pudessem fornecer os restos mortais do animal como prova.

Os leões passam a vida envolvidos em duas principais atividades: dormir depois de uma refeição e procurar por uma refeição. Eles rondam pacientemente, muitas vezes perseguindo suas presas por horas. Quando decidem atacar, o resultado é letal. Os árabes têm um ditado que diz: "A cova do leão nunca está sem ossos"[1]. Os animais mais fáceis de abater são as ovelhas, visto que não têm defesas naturais. A menos que um pastor destemido e capaz se interponha entre eles, um leão conviverá com uma ovelha apenas para tê-la como jantar.

Quando pensamos em pastores e leões, logo nos vem à mente o futuro rei de Belém. Quando jovem, Davi enfrentou ameaças no deserto de Judá com determinação e coragem. Sua coragem para desafiar Golias veio, em parte, de sua história pessoal ao enfrentar perigosos saqueadores no deserto: "Eu, o teu servo, apascentava as ovelhas do meu pai; quando vinha um leão ou um urso e levava uma ovelha do rebanho, eu saía atrás dele, o feria e livrava a ovelha da sua boca. Quando ele se levantava contra mim, eu o segurava pela juba e lhe dava golpes até matá-lo" (1 Samuel 17:34-35). A reação de Davi à ameaça natural mais intimidadora de seu mundo foi ir atrás dela. Suas armas eram simples, mas sua confiança era sólida como uma rocha. Golias era apenas mais um leão arrogante a quem ele mataria.

As imagens de leões no mundo antigo eram frequentemente usadas para referir-se a líderes reais em seu papel militar. Os reis da Assíria e da Babilônia, por exemplo, se apresentavam como pastores de seu próprio povo, mas leões entre as nações. O rei assírio Senaqueribe, que quase destruiu Judá durante os dias do rei Ezequias, se voltou contra um reino rival mais próximo: "Eu me enfureci como um leão e dei a ordem de marchar contra ele até a Babilônia"[2].

Jeremias lamenta que o povo de Deus tenha se tornado como um rebanho vulnerável diante de impérios tão imponentes.

Israel é um rebanho disperso,
afugentado por leões.
O primeiro a devorá-lo
foi o rei da Assíria;
e o último a esmagar os seus ossos
foi Nabucodonosor, rei da Babilônia. Jeremias 50:17

O profeta Amós retrata o resgate malsucedido de Israel do julgamento orquestrado por Deus.

*Como o pastor arranca da boca do leão
duas pernas ou um pedaço da orelha,
assim serão arrancados os israelitas de Samaria.* Amós 3:12

Assim como esses implacáveis impérios históricos, a Bíblia descreve outros inimigos semelhantes a leões que atacam o povo de Deus. Alarmado, o salmista clama:

*SENHOR, meu Deus, em ti me refugio;
salva-me e livra-me de todos os que me perseguem,
para que, como leões, não me dilacerem
nem me despedacem, sem que ninguém me livre.* Salmo 7:1-2

*Um inimigo, sem causa,
Fica à espreita perto dos povoados;
em emboscadas mata os inocentes,
procurando às escondidas as suas vítimas.
Fica à espreita como o leão no seu esconderijo;
fica à espreita para apanhar o necessitado;
apanha o necessitado e o arrasta na sua rede.
Agachado, fica de tocaia;
as suas vítimas caem em seu poder.* Salmo 10:8-10

O supremo predador espiritual é o diabo, conhecido pelos nomes de Satanás, Lúcifer e Belzebu, e pelos papéis de acusador, adversário, pai da mentira, tentador e príncipe deste mundo[3]. A imagem mais gráfica dessa figura é "um leão, rugindo e procurando a quem devorar" (1 Pedro 5:8). Ele se volta incansavelmente para o povo de Deus com um apetite insaciável e, muitas vezes, "se disfarça de anjo de luz" (2 Coríntios 11:14). Os inimigos humanos podem ser instrumentos inconscientes do maligno, colaborando com uma força diabólica invisível para a destruição do povo de Deus[4]. O Senhor disse a Pedro: "Para trás de mim, Satanás!" (Mateus 16:23). E o mesmo Satanás colocou "no coração de Judas [...], que traísse Jesus" (João 13:2 NAA).

Entretanto, como o pastor Davi, Jesus foi atrás do inimigo. Com uma vingança santa, Ele libertou as vulneráveis ovelhas das garras do leão. Enfrentando uma ameaça maior do que Roma, Ele derrotou legiões de demônios que controlavam invisivelmente as pessoas (veja Marcos 5:1-20). Aos pés de um templo pagão com vista para as "portas do Hades", Jesus declarou guerra ao leão que reina neste mundo. Lá, Ele deu a Pedro as chaves do Seu reino celestial, autorizando Seus seguidores a pregar as boas-novas e libertar aqueles que estavam presos por Satanás (veja Mateus 16:18-19)[5]. Com o poder da palavra do Senhor, eles enfrentariam o inimigo. A oração de Jesus por eles foi: "Não peço que os tires do mundo, mas que os protejas do Maligno" (João 17:15), o inimigo que eles deveriam perseguir.

Paulo sabia que os crentes em Cristo estão envolvidos em uma guerra invisível: "nossa luta não é contra sangue e carne, mas contra os poderes e as autoridades, contra os dominadores deste mundo de trevas e contra as forças espirituais do mal nas regiões celestiais" (Efésios 6:12). O apóstolo enfatizou a importância de estar vestido "de toda a armadura de Deus" (v.13) nessa luta, destacando que a única arma eficaz, nesse embate, é "a espada do Espírito, que é a palavra de Deus" (v.17).

Muitos de nós nos sentimos "mordidos, picados e atacados por tudo o que está lá fora". Como Jó, sentimos o hálito quente do nosso sinistro adversário. Alguns se dobraram sob a força mortal de seu aperto. Já vi as "marcas das garras" do demônio: Amigos missionários baleados ou estuprados, ministérios que fracassaram e se queimaram, famílias "desmembradas" pelo leão do inferno, acidentes que "simplesmente aconteceram". Alguns sobrevivem a esses confrontos apenas em pedaços.

Muitos são mantidos em cativeiro pelo diabo de forma mais sutil por meio de sedutores vícios: drogas, álcool, pornografia, trabalho, televisão, música ou internet. O trabalho do inimigo é evidente no aumento alarmante dos distúrbios alimentares e da automutilação no Ocidente. Alguns estão sendo vítimas do ocultismo. Outros são possuídos por demônios ou oprimidos por eles de forma incapacitante. E há ainda os que estão presos em formas aparentemente inofensivas de prazer ou patriotismo — ou até mesmo em atividades religiosas. Como diz a figura demoníaca de Maldanado: "Um dos nossos grandes aliados no presente é a própria Igreja"[6]. Será que estamos fazendo o trabalho do diabo ao manter as pessoas excessivamente ocupadas com coisas boas que nos desviam da missão?

Estamos plenamente conscientes da batalha espiritual que nos cerca? Será que, como Davi, resgataremos corajosamente o povo cativo de Deus das garras do inimigo? Podemos dizer "eu saí atrás dele"? As "portas do Hades" não resistirão ao ataque dos seguidores de Jesus. Ironicamente, não temos outra arma a não ser a poderosa Palavra de Deus. Em nossos intensos embates com o maligno, nada nos é mais útil do que ela[7].

O hino de Martinho Lutero, *Castelo Forte* [HC 581], registra seu sóbrio realismo em relação aos motivos perversos e ao terrível poder do diabo.

Nos tenta Satanás,
Com fúria pertinaz,
Com artimanhas tais
E astúcias tão cruéis,
Que iguais não há na Terra.

Uma estrofe subsequente articula o robusto otimismo bíblico do reformador acerca desse antigo adversário:

Se nos quisessem devorar
Demônios não contados,
Não nos podiam assustar,
Nem somos derrotados.
O grande acusador
Dos servos do Senhor
Já condenado está:
Vencido cairá
Por uma só palavra.

NOTAS

1 SAFADI, Dalal Khalil; BASHA, Victoria Safadi. *A Thousand and One Arabic Proverbs* (Mil e um provérbios árabes). Beirute: American Press, 1954, p. 34.

2 HALLO, William W.; YOUNGER, K. Lawson (eds.). *The Context of Scripture, vol. 2, Monumental Inscriptions for the Biblical World* (O contexto das Escrituras, v. 2, Inscrições monumentais para o mundo bíblico). Leiden, Holanda: E. J. Brill, 1997, p. 301.

3 Veja 1 Pedro 5:8; Jó 1:6-7; Isaías 14:12; Mateus 12:24; João 8:44; 1 Tessalonicenses 3:5; João 12:31.

4 A figura demoníaca fictícia de Maldanado, de C. S. Lewis, revela um objetivo comum a seu aprendiz Vermelindo: "para nós, os humanos não passam de comida. Nosso objetivo é a absorção da vontade deles na nossa". LEWIS, C. S. *Cartas de um diabo a seu aprendiz*. Rio de Janeiro: Thomas Nelson Brasil, 2017, p. 52.

5 O templo do deus grego Pã, em Cesaréia de Filipe, estava localizado em frente a uma enorme rocha (coberta de nichos de ídolos) e próximo a uma caverna onde surgia uma das nascentes do rio Jordão. Considerada uma abertura para o Hades, sacrifícios humanos eram jogados nessa caverna. A "rocha" sobre a qual Jesus prometeu construir a Sua Igreja (veja Mateus 16:18) pode ser o que esse local representava — o epítome da adoração pagã.

6 LEWIS, C. S. *Cartas de um diabo a seu aprendiz*. Rio de Janeiro: Thomas Nelson Brasil, 2017, p. 21.

7 Jesus vence a grande guerra contra Satanás com uma espada que sai de Sua boca (veja Apocalipse 1:16; 2:16; 19:15,21).

*Pois serei como um leão para Efraim
e como um leão novo para Judá. Eu os despedaçarei e irei embora;
eu os levarei sem que ninguém possa livrá-los.*

Oseias 5:14

Dia 19

O OUTRO LEÃO

Majestoso e feroz, o leão asiático costumava dominar o reino animal em todo o antigo Oriente Próximo. Onde quer que os leões ainda prosperem, eles são indiscutivelmente os "reis da selva". Pesando entre 90 e 227 quilos, eles podem derrubar animais muito maiores que eles e destruí-los instantaneamente com suas potentes mandíbulas. Os leões ficam à espreita em densos arbustos, moitas e campos, esperando o momento perfeito para atacar animais desatentos. Às vezes, eles invadem o piquenique de outro carnívoro; nenhum outro animal desafiará a preeminência do leão.

Lembro-me perfeitamente de ter me aproximado de um leão durante uma viagem à África. A sensação de perigo pairava no ar e, de repente, o robusto veículo em que estava sentado parecia uma proteção inútil. Aquele famigerado rugido ainda ecoa em minha mente.

Em nossa última pesquisa, descobrimos que os reis antigos se comparavam aos leões, devastando as nações inimigas como rebanhos indefesos. Israel também tinha seu Leão. Em Isaías, Deus é "o leão, o leão grande, [que] ruge ao lado da presa e contra ele se junta um bando de pastores, ele não se intimida com os gritos deles nem se perturba com o seu clamor" (31:4).

Nos dias de Jeremias, o Leão divino prometeu causar estragos nos líderes-pastores da Babilônia, a nação que havia se aproveitado do rebanho de Deus:

> *Como um leão que sobe da densa floresta do Jordão*
> *em direção aos pastos verdejantes,*
> *subitamente eu caçarei a Babilônia pondo-a fora da sua terra.*
> *Quem é o escolhido que designarei para isso?*
> *Quem é como eu que possa me desafiar?*
> *E que pastor pode resistir a mim?*
> *Por isso, ouçam o que o* SENHOR *[...] preparou*
> *contra a terra dos babilônios:*
> *os menores do rebanho serão arrastados,*
> *e as pastagens ficarão devastadas por causa deles.* Jeremias 50:44-45

Esse régio e julgador Leão nos é apresentado, mais tarde, no livro de Apocalipse: Ele é o Rei, "o Leão da tribo de Judá" (5:5) que colocará todos os Seus inimigos debaixo dos Seus pés.

A imagem bíblica de Deus como um leão protetor era reconfortante para aqueles que tinham visto os efeitos devastadores dos reis leões deste mundo. Entretanto, uma distorção inquietante dessa figura protetora está presente em muitas passagens das Escrituras. Ezequias, certamente um dos melhores reis de Judá, orou no final de sua vida:

A minha casa foi derrubada e tirada de mim,
como se fosse uma tenda de pastor [...]
Esperei pacientemente até o alvorecer,
mas, como um leão, ele quebrou todos os meus ossos;
dia e noite foi acabando comigo. Isaías 38:12-13

Esperando pela ajuda divina, Ezequias encontrou um leão que pretendia destruí-lo: Deus. Poderíamos pensar que a perspectiva desse rei estava distorcida pela dor pessoal. Porém, outros trechos da Bíblia identificam explicitamente Deus por trás do rugido aterrorizante e do ataque mortal, como neste juramento:

Pois serei como um leão para Efraim
e como um leão novo para Judá.
Eu os despedaçarei e irei embora;
eu os levarei sem que ninguém possa livrá-los. Oseias 5:14

Sim, Deus tinha a intenção deliberada de destruir o povo de Israel (veja Jeremias 25:30-38; Lamentações 3:10-18; Amós 1:2). De alguma forma, temos de levar em conta essa visão perturbadora relacionada a Deus. O Pastor divino passa de sustentador a algoz:

Eu conheci vocês no deserto,
naquela terra de calor ardente.
Quando eu os alimentava, ficavam satisfeitos;
quando ficavam satisfeitos, eles se orgulhavam
e se esqueciam de mim.
Por isso, virei sobre eles como um leão. Oseias 13:5-7

Como o povo de Deus reagiu quando seu Pastor protetor se tornou um Leão ameaçador? Em um lamento comunitário, Israel pergunta: "Ó SENHOR, Deus dos Exércitos, até quando arderá a tua ira contra as orações do teu povo?" (Salmo 80:4). Eles não conseguiam entender o motivo pelo qual pereciam pela repreensão do Senhor (veja v.16). Sua única esperança era invocar o "Pastor de Israel, que conduz os descendentes de José como um rebanho" (v.1 NVT).

Como os piedosos copastores reagiram quando a cortina do julgamento estava descendo? Eles também pediram misericórdia Àquele que tinha o poder tanto de condená-los quanto de salvá-los. Em alguns casos marcantes, eles pediram misericórdia ao Deus cujo perfeito julgamento era iminente. A quem mais eles poderiam recorrer? Alguns dos maiores intercessores na Bíblia descobriram essa dimensão irônica de seu papel como pastores. Eles desenvolveram um entendimento fundamental de que *liderar é interceder*. Moisés, como Abraão antes dele (veja Gênesis 18:22-32), implorou a Deus que não destruísse uma comunidade inteira, mesmo sabendo que ela havia se corrompido. A oração de Moisés reflete uma completa renúncia de si para compartilhar do destino deles: "Agora, porém, eu te rogo, perdoa-lhes o pecado; do contrário, risca-me do livro que escreveste" (Êxodo 32:32). Deus teria eliminado o Seu rebanho,

> *só não o fez por causa de Moisés, o seu escolhido,*
> *que se pôs na brecha diante dele,*
> *para evitar que a sua ira os destruísse.* Salmo 106:23

Uma brecha era um rompimento em uma parede, uma vulnerabilidade, uma exposição. Moisés era a única proteção entre o povo de Deus e Seu julgamento. Fico surpreso com a obstinada e imprudente coragem de um intercessor que desafiou o Leão do Céu.

Aparentemente, Deus usa deliberadamente a aproximação de crises para gerar uma intensa lealdade ao rebanho o qual o pastor serve. As orações de Moisés consolidaram cada vez mais sua determinação de proteger Israel não apenas como povo de Deus, mas também como "seu povo"[1]. A ideia de que Deus deseja que alguém interrompa o julgamento está explícita na Bíblia: "Procurei entre eles um homem que [...] se pusesse na brecha diante de mim em favor desta terra, para que eu não a destruísse, mas não encontrei nenhum" (Ezequiel 22:30). O objetivo de Deus era encontrar um intercessor atencioso e corajoso.

Em um antigo comentário rabínico, Deus repreende Noé por não ter intercedido por sua geração como um verdadeiro pastor.

Pastor tolo!...
Eu me prolonguei com você e lhe falei demoradamente para que você pedisse misericórdia para o mundo!
Mas...
a maldade do mundo não tocou seu coração.
Você construiu a arca e se salvou.[2]

Nesse diálogo fictício, Noé se assemelha a Jonas, o profeta cujo coração não foi afetado pela situação dos ninivitas. A iminente desgraça dos outros não era motivo de preocupação para o profeta de Deus. Apenas deixe que o Leão tenha sua presa.

O autor que nos dá uma visão perturbadora da ação do diabo em *Cartas de um diabo a seu aprendiz*, fornece uma visão inquietante de Deus em *Crônicas de Nárnia: O leão, a feiticeira e o guarda-roupa*. Nessa narrativa fictícia, mas de cunho teológico, C. S. Lewis descreve Deus como um sábio e majestoso leão chamado Aslan. Entre as descrições mais memoráveis dessa figura régia está a resposta do Sr. Castor à pergunta de Lúcia: "Mas ele é tão perigoso assim?". Ao que o guia narniano responde: "Quem foi que disse que ele não era perigoso? Claro que é, perigosíssimo. Mas acontece que é bom. Ele é REI, disse e repito"[3].

Minha mente está girando com algumas inquietantes perguntas ao considerar nosso Leão-Pastor com Seu comportamento insidioso e suas incrédulas expectativas. Pergunto-me o quanto domestiquei Deus em minha mente, por não querer imaginar o Rei do Universo como sendo perigoso.

Também me questiono: Será que o destino do meu rebanho toca meu coração o suficiente para desafiar uma sentença justa? O suficiente para arriscar meu próprio destino por apenas mais uma chance para eles? Desejo mais misericórdia do que justiça para os outros? Será que me "ponho na brecha", intercedendo de forma imprudente pelo meu rebanho? Não posso dizer de forma honesta que minhas orações são persistentes, mesmo por aqueles que são relativamente inocentes. Desejo que o comentário de Paulo sobre Epafras seja verdade sobre mim: "Ele está sempre batalhando por vocês em oração" (Colossenses 4:12).

Temos um papel precário como pastores espirituais. Somos chamados para proteger os outros com paixão diante de dois leões: o demônio do inferno que ruge e usa todos os meios para matar e destruir, e o Leão celestial de Judá que ocasionalmente precisa de um intercessor para manter Sua ira afastada. Liderar exige que se desafie as mandíbulas abertas de ambos.

NOTAS

[1] Veja minha discussão sobre "seu povo" e "meu povo" nas narrativas de Moisés em LANIAK, Timothy S. *Shepherds after My Own Heart: Pastoral Traditions and Leadership in the Bible*, (Pastores segundo meu próprio coração: Tradições pastorais e liderança na Bíblia) New Studies in Biblical Theology 20. Downers Grove, IL: InterVarsity Press, 2006, p. 88-90.

[2] MATT, Daniel Chanan (trad.), *Zohar: The Book of Enlightenment*. Ramsey, NJ: Paulist Press, 1983), p. 58.

[3] LEWIS, C. S. *As crônicas de Nárnia, Vol. II: O leão, a feiticeira e o guarda-roupa*. São Paulo: Martins Fontes, 2002, p. 74.

Eu sou a porta.

João 10:7

Dia 20

GUARDIÕES

Uma das minhas últimas e mais preciosas entrevistas foi com Moshe, um experiente pastor iemenita que tinha 80 e poucos anos (ninguém sabia ao certo). Naquela época minha filha Adrienne tinha 10 anos, era fluente em hebraico moderno e tinha orgulho de ser minha intérprete. Moshe, literalmente, havia crescido em todo o Oriente Médio. Ele e sua esposa ficaram órfãos quando crianças e nunca se casaram formalmente, apenas viajaram e trabalharam juntos no Iêmen, na Arábia Saudita, no Egito e, no momento, em Israel.

Moshe jamais esteve longe dos rebanhos e, agora, no último capítulo de sua vida, ainda mantinha alguns animais. A família caçoava dele pelo transtorno de manter as ovelhas fora de seu *moshav* (vilarejo cooperativo), especialmente em sua idade. Mas ele não conseguia imaginar a vida sem elas.

Perguntei a Moshe sobre os desafios de pastorear na região montanhosa de Israel, e ele imediatamente lamentou a sua maior dificuldade. Adrienne confirmou algumas das palavras que ele usou, mas conseguiu transmitir seu maior desafio: Ladrões. Por três vezes, ele encontrou seus redis esvaziados por astutos ladrões que envenenaram os cães e carregaram discretamente dezenas de suas ovelhas em caminhões. Certa vez, 250 foram levadas.

"Tem certeza de que ele disse 250?"

Ele disse novamente, e dessa vez eu entendi o número. Achei difícil imaginar que tantos animais, tão facilmente amedrontados pela natureza, tivessem partido durante a noite sem que ninguém ouvisse qualquer som vindo deles. Adrienne e eu não conseguíamos compreender a dor de um homem cuja identidade estava tão ligada a um rebanho que outros continuavam roubando.

Moshe nos levou até seu redil para nos mostrar as novas portas duplas de metal. Um grande cadeado estava no ferrolho da porta da frente. Se ele fosse quebrado, havia uma trava oculta que só poderia ser aberta com uma vara longa colocada entre as duas portas no ângulo certo. Ele nos mostrou como funcionava, orgulhoso de um sistema que acreditava ser à prova de ladrões. Embora esses dispositivos mecânicos provavelmente funcionassem por algum tempo, não eram substitutos adequados para sua presença pessoal. Sem ninguém dormindo perto do aprisco, as chances de acontecer outro arrombamento eram grandes. Bons pastores devem ser astutos, mas também precisam estar presentes.

Além dos saqueadores de animais no deserto, os pastores enfrentam com frequência membros de sua própria classe que roubam seus rebanhos. Durante séculos, essas investidas têm sido o meio preferido de acumular riqueza móvel[1], às vezes chamada de "conta bancária com cascos". Mais de cem mil ovelhas foram roubadas na Sardenha durante um período de nove anos[2]. O roubo de ovelhas ainda é um fenômeno global e, em alguns lugares, é um rito de iniciação para homens jovens. Ocasionalmente, um ladrão se veste literalmente com lã de ovelha para se disfarçar[3].

Os pastores se unem a cães de guarda para garantir que nenhum estranho ronde seus rebanhos. À noite, um grupo de pastores recorre a cavernas ou recintos murados, onde reúnem seus rebanhos, contando-os um a um. Um tradicional redil de pedra inclui paredes nas quais o pastor pode colocar arbustos e pedras soltas. O som do farfalhar dos arbustos e das pedras rolando é o alarme que sinaliza um intruso.

Nos tempos bíblicos, um pastor dormia na entrada de um aprisco no deserto para proteger o único acesso ao seu precioso rebanho. Com esse contexto cultural em mente, Jesus poderia facilmente dizer: "Eu sou a porta" (João 10:9) ou "Eu sou o bom pastor" (v.11). Como uma porta simbólica, o pastor era o único meio pelo qual alguém poderia acessar o aprisco. Jesus afirmou: "aquele que não entra no aprisco das ovelhas pela porta, mas sobe por outro lugar, é ladrão e assaltante" (v.1). Somente quando o pastor se movimenta é que as ovelhas saem do redil em segurança (veja vv.3-5).

Como já abordamos, essa parábola estava indiretamente rotulando os líderes religiosos da época de Jesus como ladrões e assaltantes. A acusação furiosa do bom Pastor era plenamente justificada, pois o valioso rebanho de Deus havia sido levado durante a noite por aqueles que foram encarregados de guardá-lo!

Um dos grandes paradoxos, literal ou figurado, no mundo do pastorício é que os melhores ladrões são bons pastores. Não no bom sentido que Jesus foi, mas extraordinariamente eficazes em ganhar seguidores.

Tendo trabalhado em vários contextos institucionais, entendo a importância de um ambiente totalmente seguro. Precisamos de cercas, cadeados, sistemas de alarme, seguranças e luzes de emergência. Adquirimos apólices de seguro, e nossos computadores precisam que a proteção contra vírus e os filtros para *spywares* invasores sejam constantemente atualizados. Todo esse esforço, tecnologia e despesas proporcionam uma medida substancial de segurança e proteção física. Entretanto, também percebi que os seres humanos são vulneráveis de inúmeras maneiras à forças e à ameaças invisíveis. Jesus estava se referindo aos ladrões espirituais em Sua parábola do bom Pastor. A segurança espiritual não pode ser mantida sem guardiões espirituais que dediquem tempo a ouvir atentamente os sons de traição.

Como podemos proteger melhor os "redis" em que nossos rebanhos chegam todos os dias? Talvez precisemos atualizar alguns sistemas e políticas. Será que como líderes não deveríamos também estar, com mais frequência, fisicamente presentes a fim de que o rebanho possa discernir melhor as vozes de estranhos? Será que, a nível espiritual, não precisaríamos aumentar nossa oração coletiva? Não apenas a intercessão orientada pela agenda, mas a oração de escuta aberta? Uma reitora de alunos que conheço começa seu trabalho diário orando regularmente pelo diretório de alunos da escola. Ela pede ao Senhor que mostre a ela quem precisa de proteção espiritual por meio da oração e quem pode precisar de intervenção pessoal. Ao longo dos anos, Deus chamou a atenção dela para inúmeras ovelhas que corriam o risco de serem roubadas. Os "ladrões" poderiam ser cônjuges abusivos, cultuados líderes religiosos ou vozes populares de comportamento imoral. Essa reitora era uma guardiã espiritual com um ouvido atento às pedras que rolavam.

NOTAS

1 O antigo rei Sargão II descreveu um comandante derrotado que "fugiu sozinho, como um pastor cujo rebanho é roubado". HALLO, William W.; YOUNGER, K. Lawson (eds.). *The Context of Scripture, vol. 2, Monumental Inscriptions for the Biblical World* (O contexto das Escrituras, v. 2, Inscrições monumentais para o mundo bíblico). Leiden, Holanda: E. J. Brill, 1997. Veja Jó 1:14-15.

2 OUTERBRIDGE, David. *The Last Shepherds* (Os últimos pastores). Nova York: Viking, 1979, p. 104.

3 JABBUR, Jibrail S. *The Bedouins and the Desert: Aspects of Nomadic Life in the Arab East* (Os beduínos e o deserto: Aspectos da vida nômade no Oriente Árabe). Nova York: State University of New York Press, 1995, p. 415.

*As sentinelas de Israel estão cegas
e não têm conhecimento; todas elas são como cães mudos,
incapazes de latir.*

Isaías 56:10

Dia 21

CÃES

Aquele dia de junho não foi a primeira vez que nos deparamos com cães raivosos. Não tenho certeza se me lembro de um rebanho que não tenha tido guardas latindo para nos intimidar. Entretanto, quando nos aproximamos do acampamento de alguns beduínos de Beni Khalid, seus cães não paravam. Sinalizamos para os pastores na tenda que queríamos conversar, mas eles não interromperam os cães. Obviamente não tinham interesse em uma entrevista naquele dia.

Na maioria das ocasiões, os cães que encontrávamos recebiam um sinal de que os estranhos deveriam ser tratados como convidados. Ao comando do pastor, podíamos passar pelos dentes arreganhados e nos juntarmos à família e ao rebanho. Ainda assim, nunca nos sentimos totalmente alheios aos desconfiados e atentos caninos. O instinto deles era não confiar.

Para muitos predadores, os cães de um pastor são seu maior desafio. Os cães sacrificam voluntariamente vida deles em uma briga noturna com seus primos mais fortes, os lobos. A menos que os ladrões estejam preparados para matar os cães de alguma forma, eles não terão acesso ao rebanho, mesmo em uma planície aberta. Os ladrões envenenam os cães, mas é provável que os guardas caninos latam antes de desistirem da própria vida.

Embora os cães pastores sejam os amigos, de quatro patas, mais leais das ovelhas, é possível perceber que eles não são populares entre os rebanhos. Os cães latem incessantemente, mostram suas presas e exibem uma capacidade perturbadora de comportamento agressivo. Ironicamente, eles são muito parecidos com seus parentes, os lobos. Porém, a principal intenção deles é guardar e, por esse motivo, um rebanho está bem protegido somente quando cercado por cães.

Embora esses incidentes nas entrevistas tenham indelevelmente gravado em minha mente a função principal dos cães de guarda, percebi outro papel imprescindível para eles, ou seja: a responsabilidade rotineira dos cães de pastoreio é manter o rebanho unido. Tenho imagens mentais vívidas de rebanhos enormes voltando para as tendas no final do dia, conduzidos por pastores que, apenas ocasionalmente, olhavam para trás. A confiança deles é parcialmente fundamentada na lealdade de um grupo de cães que circunda incansavelmente o rebanho a fim de evitar que algum dos animais se desvie. Eles formam uma barreira móvel de segurança.

Embora os cães pastores tenham se tornado ícones essenciais de apoio inteligente aos pastores nos tempos modernos, uma pequena pesquisa revela que eles não eram muito apreciados nos tempos bíblicos. A maioria das referências a eles menciona animais carniceiros não domesticados, uivando e rondando algo. Seus hábitos impuros incluíam ingerir o próprio vômito (veja 2 Pedro 2:22) e lamber as feridas dos doentes e os cadáveres dos mortos[1]. Outras culturas na antiguidade envolviam os cães em práticas cultuais, fato que só aumentava o motivo de repulsa no antigo Israel.

Ser chamado de cão era um insulto[2]. Na época do Novo Testamento, os judeus regularmente usavam essa designação para os gentios (veja Marcos 7:27). Paulo usou o termo ironicamente para designar os judaizantes — judeus que se aproveitavam dos cristãos gentios, tentando forçá-los a se submeter à lei judaica. O apóstolo explicou que suas advertências sobre tais cães eram para proteger a igreja: "é uma segurança para vocês" (Filipenses 3:1).

Encontrei apenas duas referências a cães na Bíblia que são potencialmente positivas, e ambas em contextos de pastoreio[3]. A primeira é sobre os cães pastores que guardavam os rebanhos de Jó (veja Jó 30:1). Uma lei hitita do século 16 a.C. sugere que envolver cães no pastoreio era uma prática de fato antiga[4].

A outra referência é a descrição apresentada no início da reflexão deste dia: "As sentinelas de Israel [...] são como cães mudos, incapazes de latir" (Isaías 56:10). Embora a condenação do profeta a uma geração específica de líderes seja negativa, ele presume um papel positivo para os cães de guarda espirituais. Talvez Isaías, aqui, tivesse em mente a elite governante, mas a metáfora de um guarda é especialmente adequada aos profetas. Ezequiel, por exemplo, foi nomeado explicitamente "sentinela para o povo de Israel" (Ezequiel 3:17). Os profetas eram arautos do julgamento vindouro, soando o alarme quando a comunidade se desviava das obrigações de sua aliança com Deus. Eles "latiam" quando pressentiam o perigo. Embora normalmente impopulares, os profetas diziam a verdade sobre o presente e o futuro. Em contrapartida, os falsos profetas estavam mais interessados na popularidade e manutenção superficial da paz. Eles dormiam enquanto o perigo se aproximava.

Um condecorado veterano do Vietnã disse certa vez: "A maioria das pessoas em nossa sociedade são ovelhas. São criaturas bondosas, gentis e produtivas que só podem machucar umas às outras por acidente". O idoso herói de guerra continuou: "Depois, há os lobos [...] e os lobos se alimentam das ovelhas sem piedade". Ele se considerava parte de um terceiro grupo ao qual chamou de cães pastores: "Eu vivo para proteger o rebanho e enfrentar o lobo"[5]. Ele estava desafiando as ovelhas — pessoas que vivem em negação em relação aos lobos — a se tornarem cães pastores quando necessário.

Refleti muitas vezes sobre o papel marginalizado dos cães de guarda proféticos, talvez porque eu tenha me visto continuamente emitindo alertas que outros consideraram descabidos.

Eles viam paz e eu via problemas. Entretanto, eu também já ignorei "cães" cujos alertas eram baseados em fatos irrefutáveis; a verdade era simplesmente muito inconveniente. Deus presenteia a comunidade com profetas que veem o que está por vir, mas temo que a maioria de nós resista à cautela e se canse dos incessantes "latidos" deles. A história expôs uma igreja lenta em reagir aos alertas sobre racismo e materialismo, para citar apenas duas das ameaças. Profetas como Martin Luther King Jr. foram mortos por fazerem muito barulho, pois o que apregoavam fazia muito sentido.

Será que Deus não nos chamou para fazermos barulho sobre algo específico? Será que nossa intensidade diminuiu por causa da crescente reputação de que "latíamos" demais? O destino de um profeta é soar, muitas vezes sozinho, o alarme quando imprescindível, pelo tempo que for necessário.

O cão pastor é um lembrete de que o motivo por trás de circundarmos as ovelhas diariamente é manter o rebanho unido. Se nos tornamos cínicos, talvez nossos críticos estejam certos: nós apenas "latimos" demais. Contudo, se formos sinceramente apaixonados pela unidade do rebanho, devemos continuar o circundando. A comunidade não pode ser deixada aos cuidados de cães de guarda mudos que não latem.

NOTAS

1 Veja Salmo 59:14-15; Provérbios 26:11; 2 Pedro 2:22; 1 Reis 21:19, 23; Lucas 16:21.

2 Algumas pessoas se referiam a si mesmas como cães de forma deliberadamente autodepreciativa (veja 2 Samuel 9:8; 2 Reis 8:13).

3 Um cão é o companheiro de Tobias no livro apócrifo que leva seu nome (Tobias 6:2; 11:4; veja Judite 11:19). O texto egípcio *Instruction of Any* (Instrução de Ani) (c. 1000 a.C.) também pode ter em mente um animal de estimação leal: "O cão obedece à palavra e caminha atrás de seu dono". HALLO, William W.; YOUNGER, K. Lawson (eds.). *The Context of Scripture, vol. 1, Canonical Compositions from the Biblical World* (O Contexto das Escrituras, vol. 1, Composições Canônicas do Mundo Bíblico). Leiden, Holanda: E. J. Brill, 1997, p. 114.

4 HALLO, William W.; YOUNGER, K. Lawson (eds.). *The Context of Scripture, vol. 2, Canonical Compositions from the Biblical World* (O contexto das Escrituras, vol. 2, Composições canônicas do mundo bíblico). Leiden, Holanda: E. J. Brill, 1997, p. 113.

5 GROSSMAN, Dave; CHRISTENSEN, Loren W. *On Combat: The Psychology and Physiology of Deadly Conflict in War and in Peace* (Sobre o combate: a psicologia e a fisiologia do conflito mortal na guerra e na paz). 2.ed. Belleville, IL: PPCT Research Publications, 2007, p. 180-181.

Ele colocará as ovelhas à sua direita
e os bodes à sua esquerda.

Mateus 25:33

Dia 22

JUSTIÇA

Os pastores lhe dirão que há uma ordem hierárquica dentro de um rebanho, talvez mais bem pensada como uma "hierarquia da cabeçada". Todo rebanho tem conflitos e rivalidades, expressos por frequentes empurrões e cabeçadas. Os machos, em especial, podem se machucar quando querem ser os primeiros entre seus iguais em termos de *status* ou quando simplesmente querem ter a primazia na fila para as refeições.

Em muitos acampamentos beduínos presenciei esta cena caótica, mas comum, durante o pôr do sol. O rebanho retorna dos campos em uma nuvem de poeira que sobe e se dissipa no céu dourado. Os animais voltam para receber a última alimentação suplementar do dia. Os pastores já havia bombeado água dos caminhões para os recipientes de metal abertos e colocado os grãos em áreas de alimentação separadas. Os ansiosos animais, de olho nos comedouros, são mantidos afastados até que o sinal seja dado. Depois, em grupos escalonados, eles correm para a refeição do final do dia. Os grupos refletem a separação feita pelos pastores entre ovelhas e cabras e entre machos e fêmeas, dando preferência às ovelhas que estão amamentando, os filhotes e os doentes. Deixá-los todos juntos abriria espaço para abusos.

A separação é o segredo para a equidade, uma expressão diária da justiça pastoral.

Em Ezequiel 34, Deus prometeu que resgataria um rebanho disperso (no exílio), que havia sido maltratado por pastores egoístas, e que voltaria a pastoreá-lo pessoalmente (vv.7-15). Nessa passagem, há belas imagens do divino Pastor reunindo Seu rebanho com compaixão. No entanto, em uma surpreendente mistura de sentimentos, Deus também promete separá-los.

> *Procurarei as perdidas e trarei de volta as desviadas. Enfaixarei a que estiver ferida e fortalecerei a fraca, mas a rebelde e forte eu destruirei. Eu as apascentarei com justiça.*
>
> *Quanto a você, meu rebanho, assim diz o Soberano* SENHOR: *"Julgarei entre uma ovelha e outra, entre carneiros e bodes".* [...]
>
> *Vejam, eu mesmo julgarei entre a ovelha gorda e a magra. Pois vocês forçaram passagem com o seu lado e com o ombro, empurrando todas as ovelhas fracas com os chifres até expulsá-las; eu salvarei o meu rebanho.* [...] *Julgarei entre uma ovelha e outra.* Ezequiel 34:16-17,20-22

O Pastor de Israel estava vindo para salvá-los não apenas de seus inimigos, mas também de si mesmos! Ele julgaria os fracos e os fortes, "entre uma ovelha e outra, entre carneiros e bodes" (v.17), "entre a ovelha gorda e a magra" (v.20). O comportamento agressivo exibido por aqueles que eram fisicamente mais fortes exigia um árbitro. "Empurrar" e "bater" cria um ambiente inseguro para aqueles que não conseguem se defender. Como um Pastor responsável, Deus tomaria precauções tanto para proteger Seus animais uns dos outros quanto dos predadores que estavam à espreita do lado de fora do aprisco. Esse Pastor entende as diferenciadas forças entre o rebanho.

A frase em Ezequiel que marca a mudança no comportamento pastoral de Deus, torna explícita a preocupação central do Senhor: "Eu as apascentarei com justiça" (v.16). Essa dimensão de liderança era amplamente aclamada no mundo antigo. Os monarcas se apresentavam publicamente como provedores generosos e protetores capazes. O "espírito protetor"[1] deles era expresso pela defesa da terra natal contra exércitos inimigos. Essa liderança protetora era exercida com a mesma frequência pela implementação de leis sábias e justas para os cidadãos. O conjunto de leis tornou-se monumentos à qualidade da sociedade que os reis criaram com suas regras. Como um "pastor justo", o rei Hamurabi alegava ser um pastor-governante divinamente designado, cujo papel era "fazer com que a justiça prevalecesse na terra, destruindo os perversos e os maus, para que os fortes não oprimissem os fracos"[2].

No dia do julgamento final, nosso divino Pastor-Juiz separará a todos em dois grupos: "Quando o Filho do homem vier na sua glória, com todos os anjos, ele se assentará no seu glorioso trono. Todas as nações serão reunidas diante dele, e ele separará umas das outras como o pastor separa as ovelhas dos bodes. Ele colocará as ovelhas à sua direita e os bodes à sua esquerda"

(Mateus 25:31-33). O que distingue esses dois grupos é o tratamento que eles deram aos "[Seus] pequenos irmãos" (v.40).

Fiéis à sua natureza independente, os "bodes" são aqueles que não demonstraram compaixão ou misericórdia para com os outros. Eles usaram sua força e independência apenas para servir a si mesmos. As "ovelhas", conhecidas por seu temperamento receptivo, foram gentis e misericordiosas com os marginalizados — os pobres, os nus, os presos, os estrangeiros, os famintos e os doentes. O divino Pastor se identifica tão plenamente com esses integrantes do Seu rebanho que declara: "Em verdade lhes digo que tudo o que vocês fizeram a algum desses meus pequenos irmãos, a mim o fizeram" (v.40).

Uma das lembranças mais preciosas de minha vida aconteceu na Índia. Minha esposa e eu estávamos na "Casa do Moribundo" em Calcutá, na Índia, esperando para ver a Madre Teresa e recebermos tarefas de trabalho voluntário. À nossa frente, havia filas de pessoas doentes em macas — "os mais pobres entre os pobres", nas famosas palavras da simples freira. Muitos haviam sido recolhidos das sarjetas das ruas de Calcutá pelas *Missionárias da Caridade*. Vestidas em seus modestos sáris brancos com um distinto debruado azul, essas irmãs eram anjos de misericórdia que cuidavam de Jesus onde quer que o encontrassem (veja Mateus 25:40).

Enquanto esperávamos, não pude deixar de notar um homem ofegante, bem na minha frente, que não pesava mais de 32 quilos. Uma das irmãs foi até ele, que gentilmente apoiou sua cabeça nas mãos dela. Ela levou cuidadosamente um copo de metal amassado aos lábios dele e o ajudou a engolir um pouco de água. Tudo o que eu conseguia pensar era nas palavras de Jesus: "tive sede, e vocês me deram de beber" (Mateus 25:35).

Na manhã seguinte, na reunião das seis horas, observamos um crucifixo sobre o altar com a inscrição: "Tenho sede; nós a saciamos". As palavras de Jesus em Mateus 25 fundamentaram a visão do ministério dessas irmãs, moldando a identidade de toda uma comunidade de servos.

Madre Teresa de Calcutá não era conhecida apenas por seus serviços compassivos. Ela experimentou a mesma reação que Dom Hélder Câmara enfrentou quando ela expôs a raiz de tais problemas sociais: "Quando alimento os pobres, me chamam de santo. Quando pergunto por que eles são pobres, me chamam de comunista"[3]. Ela sabia que a compaixão conduz, em última análise, à justiça, e conclamou os que ocupam posições de poder a usá-las em favor dos marginalizados. A verdadeira preocupação chega à raiz do problema. Nós nos tornamos defensores, procuramos as causas sistêmicas, falamos pelos "pequenos" e lutamos por justiça. O rei Salomão escreveu: "Erga a voz em favor dos que não podem defender-se; [...] defenda os direitos dos pobres e dos necessitados" (Provérbios 31:8-9).

Ao refletirmos sobre esses temas no contexto de nossas áreas de liderança, precisamos considerar como a compaixão leva à justiça. Alguém já começou um ministério com pessoas doentes e depois se viu lidando com negligência médica ou disputas de seguro envolvendo medicamentos? O trabalho com pessoas em situação de rua levou alguém a programas de treinamento e colocação profissional? O protesto contra o aborto levou ao envolvimento em centros de apoio à gestante de alto risco? Genuínos líderes-pastores estão atentos à equidade, eles buscam oportunidades para favorecer os desfavorecidos. Sentimo-nos compelidos a passar da necessidade individual para a causa institucional, construímos e aplicamos limites que protegem aqueles que são "magros" e indefesos, pois Jesus está entre eles.

NOTAS

[1] WESTENHOLZ, Joan. *The Good Shepherd* (O bom pastor) em PANAINO, Antonio; PIRAS, Andrea. *Schools of Oriental Studies and the Development of Modern Historiography* (Escolas de estudos orientais e o desenvolvimento da historiografia moderna), *Melammu Symposia* 4. Milão: Universitá di Bologna e Istituto Italiano per l'Africa e l'Oriente, 2004, p. 292.

[2] PRITCHARD, James B. (ed.), *Ancient Near Eastern Texts Relating to the Old Testament* (Textos do Antigo Oriente Próximo relacionados ao Antigo Testamento). Princeton: Princeton University Press, 1969, p. 164.

[3] REGAN, David. *Why Are They Poor? Helder Camara in Pastoral Perspective* (Por que eles são pobres? Helder Câmara em perspectiva pastoral). Münster, Alemanha: Lit Verlag, 2003, p. 5.

Apascenta com a tua vara o teu povo.
Miqueias 7:14 (TB)

Dia 23

A VARA

Nunca vi um pastor com uma vara tradicional no Oriente Médio, mas seu uso é lendário. Junto com o cajado, os antigos pastores carregavam um bastão, geralmente chamado de vara. Geralmente, esse bastão era feito da raiz de uma árvore com um bulbo natural em uma das extremidades e tinha a metade do tamanho de um cajado. Os pastores podiam colocar essa versátil arma no cinto e usá-la para se defender contra predadores, tanto animais quanto humanos. Davi pode ter matado leões e ursos usando a vara que portava. Os beduínos atuais trocaram suas varas por armas, mas os pastores de algumas regiões da África ainda conseguem arremessá-las com precisão mortal.

A vara tem outro uso que também é defensivo. Em ambientes tradicionais, os animais são contados e inspecionados todas as noites "enquanto [passavam] debaixo da [...] vara" (Ezequiel 20:37) do pastor. Passando tal instrumento contra a lã, eles examinam cada animal em busca de indícios de pequenos inimigos, como carrapatos e parasitas.

Os pastores têm ainda outro uso para a vara em seus rebanhos. De vez em quando, o pastor pode utilizar esse míssil de madeira para "lembrar" aos animais dispersos que o comportamento deles é inaceitável. Essa importante função disciplinar da vara garante a segurança e o bem-estar do rebanho.

Como o pastor era um ícone tão comum de liderança na antiguidade, a vara e o cajado tornaram-se símbolos de autoridade política (veja Gênesis 49:10; Números 21:8; Ezequiel 19:11,14). Deus zombou do poder da Filístia quando um menino pastor israelita enfrentou Golias com instrumentos de pastoreio. Em resposta, o gigante vociferou: "Por acaso sou um cão para que você venha a mim com um pedaço de pau?" (1 Samuel 17:43 NVT). Assim como Moisés, Davi sabia que seu "pedaço de pau" [ou seja: sua vara] tinha poder porque representava o oportuno julgamento de Deus.

Depois que reconheci as diferentes formas da vara, descobri uma tendência comum de associá-la ao governo real e ao poderio militar. A vara foi estilizada na corte, assumindo a forma de um cetro. Por exemplo, na profecia messiânica: "Você as pastoreará com vara de ferro e as despedaçará como a um vaso de barro" (Salmo 2:9, parafraseado pelo autor)[1], muitas traduções usam, compreensivelmente, o termo "cetro". Embora seja muito provável que o público antigo o entendesse como simbolismo pastoral.

Nos documentos reais da Mesopotâmia e do Egito, o cetro era equiparado não apenas ao poder, mas também a um governo organizado. Ele era poder em relação aos estrangeiros, e ordem em relação ao reino. O rei assírio Tikulti Ninurta I denominou a si mesmo como "o verdadeiro pastor que, por meio da justiça de seu cetro, mantém as pessoas e as comunidades em ordem"[2]. O mesmo sentimento é encontrado nas Escrituras: "cetro de justiça é o cetro do teu reino. Amas a justiça e odeias a iniquidade" (Salmo 45:6-7; Hebreus 1:8-9). Uma corrente considerável na literatura antiga associa uma forte liderança pastoral a uma vara de ordem e equidade.

O Salmo 2:9 não é a única passagem que descreve o prometido Messias que traria uma ordem justa e segura por meio da insígnia de sua vara governante. O profeta Isaías apresenta uma visão beatífica do paraíso, precedida pelo uso da vara do Messias.

Com retidão julgará os necessitados
e com justiça tomará decisões em favor dos pobres da terra.
Ele ferirá a terra com a vara da sua boca;
com o sopro dos seus lábios matará o ímpio.
A retidão será a faixa do seu peito,
e a fidelidade, o seu cinturão.
O lobo viverá com o cordeiro,
o leopardo se deitará com o bode,
o bezerro, o leão e o novilho gordo pastarão juntos. Isaías 11:4-6

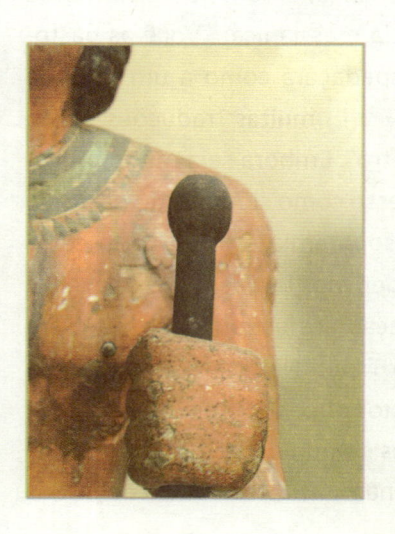

A era messiânica é possível por causa de um princípio fundamental compreendido na antiguidade: proteção e disciplina geram segurança. O salmista reflete essa dinâmica com simplicidade poética quando diz: "a tua vara e o teu cajado me confortam" (Salmo 23:4).

A insígnia da proteção defensiva é a mesma vara usada para a disciplina. No Salmo 89:32, Deus prometeu punir o pecado de Israel com uma vara. Um provérbio aplica esse princípio à boa educação dos pais aos filhos: "Quem retém a vara odeia o seu filho; quem o ama buscará discipliná-lo" (Provérbios 13:24). Deus é o Pai celestial que ama seus filhos e, por isso, os disciplina (veja Provérbios 3:11-12; Hebreus 12:5-7).

Os relatos do Novo Testamento sobre a disciplina na igreja revelam a mesma radical preocupação com a ordem e a retidão. Pedro confrontou Ananias e Safira por uma oferta monetária que era menor do que a prometida, e Deus confirmou a avaliação do apóstolo com a morte imediata deles (veja Atos 5:1-10). Paulo pediu julgamento para aqueles que haviam rejeitado "a boa consciência [...] e, por isso, naufragaram na fé" (1 Timóteo 1:19). Ele disse: "Entre eles estão Himeneu e Alexandre, os quais entreguei a Satanás, para que aprendam a não blasfemar" (v.20).

Na maioria dos casos, disciplina é separar alguém do rebanho. Paulo disse a Timóteo: "Afaste-se destes também" (2 Timóteo 3:5), referindo-se àqueles com falsa espiritualidade. O conselho que o apóstolo deu a Tito em relação aos causadores de problemas foi: "Se alguém tem causado divisões entre vocês, advirta-o uma primeira e uma segunda vez. Depois disso, não se relacione mais com ele" (Tito 3:10 NVT).

Segurança e conforto são os frutos de líderes-pastor que exercem julgamento e disciplina. Mas nem todos na liderança aceitam esse tipo de trabalho. Alguns pais fazem um acordo do tipo "policial bom/policial mau" com seus filhos, com ameaças do tipo: "Espere só até seu pai chegar em casa!". Alguns pastores, com medo ou cansados de manter a ordem e a disciplina, usam um de seus líderes ou uma empresa externa para fazer o "trabalho sujo". Todo contexto de liderança, praticamente, exige tanto amor quanto disciplina.

Os pastores de ovelhas que conheci no campo não entenderiam tal dicotomia. Criar e aplicar regras é ministério *pastoral*. Confrontar e remover membros abusivos de uma comunidade é tão pastoreio quanto cuidar de jovens e necessitados. A liderança do pastor proporciona consolo não apenas por meio da gentileza, mas também por meio da disciplina (veja 2 Samuel 7:14; Isaías 10:15). É preciso tanto o cajado quanto a vara para liderar.

Em meu trabalho com pastores, por vezes sou recebido com as seguintes palavras: "Estou tão cansado de tudo o que esperam de mim, só quero ser um pastor". Presumindo que eu acolheria esses sentimentos, a maioria fica surpresa quando respondo: "Você provavelmente procurou a pessoa errada". Quero ter certeza de que os pastores não estão fugindo das difíceis tarefas de liderar pessoas. Não posso apoiar a suposição de que pastorear seja simplesmente sobre encorajamento e "cuidado pastoral".

Paulo enviou uma carta aos coríntios incentivando-os a se prepararem para sua visita. Havia casos notórios de imoralidade e outras formas de má conduta pelas quais a igreja não sentia remorso. Ele lhes deu a opção de escolher o tipo de pastor que saudariam: "O que preferem? Devo ir a vocês com vara ou com amor e espírito de mansidão?" (1 Coríntios 4:21).

Paulo podia ir em qualquer dessas direções. E nós, será que podemos?

Antes de deixarmos o tópico da disciplina, talvez precisemos fazer uma pausa e nos perguntarmos se somos ou não sensíveis à vara em nossa vida. Por vezes, as posições de liderança nos protegem da responsabilidade pessoal. É claro que existem regulamentações governamentais, além de checagens e balanços institucionais. Porém, não podemos esperar que as instituições civis reforcem a disciplina prescrita em uma comunidade religiosa. Independentemente de onde e de quem quer que pastoreemos, é preciso procurar de forma intencional indivíduos sábios e práticos aos quais possamos nos submeter para uma avaliação completa e contínua. Eu me refiro a esse grupo de pessoas em minha vida como meu "conselho pessoal de diretores". Outro amigo chama seu grupo de "os três homens sábios". Cada um de nós precisa decidir quem é mais adequado para nos interrogar gentilmente de forma rotineira. Caso contrário, podemos nos acostumar demais a segurar a vara e perder de vista os possíveis encargos dela.

NOTAS

1 Minha tradução difere de outras que dizem "você as quebrará com vara de ferro" (NVI). A forma verbal nessa frase poderia refletir uma das duas semelhantes raízes: uma significando "quebrar" e a outra "pastorear" ou "governar". O uso do termo "vara" (*shevet*) com o verbo "pastorear" (*ra'ah*) é o que faz mais sentido. A *Septuaginta* (Antigo Testamento grego) traduz o versículo da mesma forma que eu, assim como João em Apocalipse 12:5 e 19:15.

2 OLIVIER, J. P. J. *The Sceptre of Justice and Ps. 45:7b* (O cetro da justiça e Salmo 45:7), *Journal of Northwest Semitic Languages* 7 (1979), p. 48.

O bom pastor dá a sua vida pelas ovelhas.
João 10:11

Dia 24

UM SACRIFÍCIO VIVO

Dessa vez eu sabia que tinha de fazer isso sozinho.

Um aspecto do pastoreio que eu havia testemunhado repetidas vezes era o abate de seus animais. Isso era emocionalmente perturbador não apenas para mim, mas para os membros da família que tinham afeição por determinados animais. Senti que precisava entrar em uma experiência direta e até mesmo íntima com esse processo.

Não porque eu gostasse de matar. Mas, por motivos pessoais e teológicos, eu precisava ser a pessoa que cortaria a garganta de um inofensivo, paciente e perfeito cordeiro. Eu tinha de ser o responsável por sua morte. Dizemos, com razão, que nem os romanos nem os judeus mataram Jesus. Em vez disso, cada um de nós carrega a culpa por pregá-lo na cruz. Fixamos os cravos em Suas mãos. Eu precisava expressar fisicamente o que havia feito ao Cordeiro de Deus.

Eu estava de volta a Israel, liderando uma excursão que incluía aprendizado experiencial. Em uma manhã clara no vale do Jordão, Hazim nos encontrou do lado de fora de sua tenda e apontou para os dois homens que esperavam com uma designada ovelha.

Nosso grupo observou enquanto eles viravam o animal de lado e o mantinham gentilmente no chão.

Ela praticamente não se debateu.

O abate deve ser feito corretamente. O corte tem de ser rápido e definitivo para que o sofrimento seja mínimo. Eles me deram uma faca e eu a deslizei rapidamente pelo pescoço da ovelha, mas a pele não foi cortada.

A ovelha não se mexeu.

Tentei novamente. Talvez eu não tivesse colocado força suficiente em meu golpe. Novamente, não houve sangue. A essa altura, nosso grupo estava dolorosamente ciente de como o animal era complacente, apenas esperando que este amador cortasse sua garganta. Eu gritei "kharam" para Hazim, sugerindo que tal abate tinha sido desqualificado.

Hazim me incentivou a tentar novamente. A ovelha esperou miseravelmente pela demorada execução. Nosso grupo estremeceu com o desenrolar desse drama.

Depois de uma terceira tentativa sem sucesso, Hazim examinou a faca e admitiu que ela estava cega. Que agonia para todos nós!

Por fim, depois que a faca foi afiada, peguei o instrumento e rapidamente cortei a garganta da ovelha que jazia passivamente ali.

Houve uma grande quantidade de soluços enquanto o carmesim escorria pelo cascalho cinza. A vida líquida da ovelha se esvaiu em segundos enquanto o corpo tremia. Era difícil de assistir, mas eu insisti. Depois de alguns momentos de silêncio, carregados de emoção, consegui ler uma parte de Isaías 53 e, em seguida, com lágrimas, cantamos um hino sobre o sangue salvador de Jesus.

Eis que uma fonte aberta está:
O sangue de Jesus.

Quem nela se lavar, à cruz,
Sem manchas ficará. [...]

O sangue do Cordeiro tem
Poder pra libertar
O pecador que a Cristo vem,
Ao salvador sem-par. [...]

Desde que aceitei a salvação,
Por Cristo, meu Senhor,
Tem sido a excelsa redenção
Meu tema e meu vigor. [...]

E quando à eterna glória eu for,
Melhor eu cantarei;
A Cristo, Rei e Salvador,
Pra sempre exaltarei.[1]

Talvez o elemento mais perturbador da parábola de João 10 seja o lugar central do sacrifício (v.11). O maior ato do bom Pastor, aquele que culminou Sua vida de serviço, foi submeter-se como um cordeiro ao matadouro (veja Isaías 53:7). O bom Pastor foi, o tempo todo, o "Cordeiro de Deus" (João 1:29). Jesus havia dito aos discípulos: "dirijam-se às ovelhas perdidas de Israel" (Mateus 10:6), destacando o papel deles enquanto co*pastores* em Seu ministério pastoral. Nessa mesma comissão, o Senhor lhes disse que estavam indo "como ovelhas no meio de lobos" (v.16). Assim como o Chefe dos pastores, eles estavam indo indefesos, sem proteção, como *ovelhas* para a morte.

Jesus disse a Pedro três vezes para demonstrar amor pelo Senhor alimentando e pastoreando Suas ovelhas. E então imediatamente Ele indicou que Pedro o seguiria na morte (veja João 21:15-19)². Em Seu reino, *liderar significa sangrar*. "Se alguém quiser vir após mim [...], tome a sua cruz" (Marcos 8:34). Aquele que será adorado no Céu para sempre, conforme Apocalipse 5, é uma mistura paradoxal de Leão governante e Cordeiro morto.

A miséria e a morte dos primeiros mártires são marcas celebradas da fé honrada deles: "apedrejados, serrados ao meio, postos à prova, mortos à espada. Andaram errantes, vestidos de pele de ovelhas e de cabras, necessitados, afligidos e maltratados", e a frase mais memorável: "O mundo não era digno deles" (Hebreus 11:37-38).

A maioria dos líderes nas Escrituras descobriu que seu chamado era para ser um sacrifício *vivo* (veja Romanos 12:1). Embora o ministério de Paulo o colocasse em constante perigo de morte física (veja 2 Coríntios 11:23), ele declarou: "Dia após dia, morro!" (1 Coríntios 15:31 NAA). O apóstolo viu sua vida sendo derramada como uma oferta sacrificial por aqueles que amava (veja Filipenses 2:17), e entendeu as palavras do salmista: "Preciosa aos olhos do Senhor é a morte dos que lhes são fiéis" (Salmo 116:15).

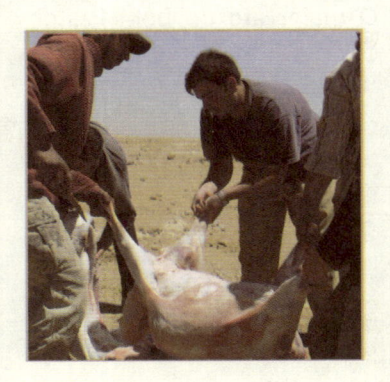

A imagem inesquecível daquela minha manhã no vale do Jordão me faz lembrar do reverendo Josef Tson, um líder da igreja perseguida na Romênia. Certa vez, quando eu era seminarista, ele abalou meu mundo com sua convicção simples e firme de que o martírio é essencial ao discipulado cristão. Por isso, enfrentou a morte de bom grado em muitas ocasiões. Em um de seus livros, ele registrou:

> O que me tornou capaz de enfrentar essa possibilidade com paz e alegria foi a compreensão de que o martírio é uma parte essencial da maneira que Deus escolhe para enfrentar o mal deste mundo. O sofrimento e o autossacrifício são, antes de tudo, os métodos escolhidos por Deus para seu próprio envolvimento na história e para a realização de seus propósitos com a humanidade. Quando escolhe instrumentos humanos, portanto, para alcançar seus propósitos por meio deles, Deus usa os mesmos métodos que empregou com seu Filho.[3]

Desde o primeiro século, um fluxo constante de sangue tem sido derramado pela causa de Cristo. Somente no último século, mais de cem milhões de cristãos deram o seu testemunho final[4]. Esse sacrifício serviu para difundir o evangelho, confirmando o que disse Tertuliano, líder da igreja do primeiro século: "O sangue dos mártires é a semente dos cristãos"[5].

Para a maioria de nós, o chamado para servir com sacrifício exige um tipo diferente de contínua fatalidade. Para dar vida aos outros, doamos a nossa própria vida. Vislumbramos o que Paulo quis dizer quando afirmou: "a morte atua em nós, mas, em vocês, a vida" (2 Coríntios 4:12). Seguir o Cordeiro de Deus exige morrer para a ambição, o conforto e todos os outros desejos egocêntricos — pelos outros (veja 2 Coríntios 11:23-29). Significa gastar e ser desgastado e buscar os interesses alheios acima dos nossos próprios (veja 2 Coríntios 12:15; Filipenses 2:4). Seja na morte física ou como um "sacrifício vivo", somos chamados à morte. Somente nessa morte a vida da ressurreição está disponível aos outros.

De que forma damos a vida por nossas ovelhas? De que maneira "morremos todos os dias" pelos membros de nossa igreja, nossa equipe, nossos amigos, nossos alunos, nossos filhos? Será que a morte de certas atitudes, hábitos ou posses nos permitiria servir mais livremente? Será que não precisamos orar para ter fé a fim de nos submetermos à faca e renunciar à nossa vida?

Uma pele de carneiro manchada de sangue está pendurada em meu escritório para me lembrar do que fiz ao Cordeiro de Deus, do que o Cordeiro de Deus fez por mim e do que Ele espera de mim.

NOTAS

1 Hino *Eis uma fonte* de William Cowper (1731–1800). Hinário Adventista (HA), n. 202.

2 A tradição nos diz que após ter sido severamente açoitado, "Pedro exigiu ser crucificado com a cabeça para baixo e os pés para cima, por ser, segundo ele, indigno de ser crucificado da mesma forma e maneira como o Senhor fora". FOXE, John. *O livro dos mártires*. Curitiba: Publicações Pão Diário, 2021, p. 21-22.

3 TSON, Josef. *Suffering, Martyrdom, and Rewards in Heaven* (Sofrimento, martírio e recompensas no Céu). Nova York: University Press of America, 1997, xvi.

4 Para um estudo do martírio moderno, consulte HEFLEY, James; e HEFLEY, Marti. *By Their Blood: Christian Martyrs of the Twentieth Century* (Por seu sangue: Mártires cristãos do Século 20). 2.ed. Grand Rapids, MI: Baker, 2004. O texto clássico sobre o martírio na história da igreja é *O livro dos Mártires*, mencionado acima.

5 Tertuliano, *Apologético e O Pálio*. São Paulo: Paulus, 2021. Com relação à Sua própria morte, Jesus fez a seguinte observação: "se o grão de trigo não cair na terra e não morrer, continuará ele só. Mas, se morrer, dará muito fruto" (João 12:24).

A noite está quase acabando; o dia se aproxima.

Romanos 13:12

Dia 25

ESCURIDÃO

Nós, que vivemos em áreas urbanas centrais e metropolitanas, raramente experimentamos um céu realmente escuro. Estamos acostumados com a luz ambiente das casas e dos postes de iluminação pública que nos dão algum senso de orientação. Uma noite sem estrelas e sem Lua no deserto pode criar um manto de escuridão tão espesso que não é possível ver nem mesmo um palmo à frente do nariz.

À medida que o Sol desaparece por trás da paisagem desolada do deserto, o brilho da luz do dia é lentamente superado por uma densa escuridão que se arrasta pelas paredes do *wadi* e se espalha pelo terreno aberto de cada vale. Um pastor e seu rebanho voltando para casa no final do dia são tragados pelas invasoras sombras. Os perigos aumentam em meio à profunda escuridão da noite, pois ela é o reino dos predadores.

Os pastores que transportam seus rebanhos à noite correm grande risco. Eles esperam contar com o auxílio da Lua e das estrelas, as quais estudam muito bem. Debaixo da cobertura de um céu profundamente escuro, a maldade florescerá. Observamos guardas atentos, em alerta contra ladrões, animais selvagens e tempestades que se aproximam. Os pastores que não conhecem o deserto perdem facilmente todo o senso de orientação — e, muitas vezes, a coragem.

Os discursos do pastor Jó estão repletos de palavras sobre a escuridão; a maior parte do livro poderia ser caracterizada como um choro no escuro. A luz de sua vida havia se apagado, e ele tateava em busca do Deus que prometera estar presente. Em uma única passagem, Jó usa cinco termos diferentes para escuridão ao considerar a perspectiva da morte.

> *Antes que eu vá para nunca mais voltar,*
> *para a terra de escuridão e densas trevas,*
> *para a terra das sombras mais tenebrosas,*
> *terra das mais densas trevas e caos,*
> *onde até mesmo a luz é como a escuridão.* Jó 10:21-22

Em seus momentos mais sombrios, o pastor patriarca se sentiu vulnerável diante de todos os seus inimigos e não encontrou nenhuma evidência da presença de Deus.

A escuridão é o cenário escolhido para o trabalho dos inimigos do Senhor. Jó menciona ladrões e malfeitores que se escondem na escuridão (veja 24:16; 34:22). Os pecadores se envolvem em "obras infrutíferas das trevas" (Efésios 5:11). O reino do Maligno é o reino das trevas (veja Colossenses 1:13), e "escuridão das trevas" é outro nome para o inferno (veja 2 Pedro 2:17; Judas 1:13).

Uma das muitas palavras que Jó usa para escuridão é *tsalmavet*, encontrada 10 vezes ao longo do livro. Esse composto termo gráfico pode ser traduzido como "sombra da morte" ou "escuridão mortal". Estamos familiarizados com a declaração no salmo do Pastor: "Ainda que eu ande pelo vale da sombra da morte, não temerei mal nenhum, porque tu estás comigo" (Salmo 23:4 NAA).

Aqui o salmista não tem medo de caminhar pelo vale de *tsalmavet*, pois o Senhor o acompanha. Esse vale simboliza as transições perigosas da vida, ocasiões em que podemos confiar no Pastor-Guia sem a iluminação da luz do dia.

Tsalmavet caracterizava os desertos do Sinai e do Negev, onde Israel peregrinou durante 40 anos. Jeremias, um profeta que se apoiava fortemente na linguagem do pastoreio, criticou uma geração posterior por esquecer a presença de Deus ali.

> *Eles não perguntaram: "Onde está o Senhor, que nos tirou da terra do Egito e nos guiou pelo deserto, por uma terra árida e cheia de covas, por uma terra de sequidão e sombras de morte, por uma terra em que ninguém passava e a qual não morava ninguém?".* Jeremias 2:6 (NAA)

A comunidade imprudente estava prestes a passar pela sombra mortal do exílio, um deserto espiritual que durou 70 anos.

Deem glória ao SENHOR, *o seu Deus,
antes que ele traga trevas,
antes que os pés de vocês tropecem nas colinas ao escurecer.
Vocês esperam a luz, mas ele fará dela uma escuridão profunda;
sim, ele a transformará em densas trevas.* Jeremias 13:16

A boa notícia para esses exilados foi o alvorecer da redenção. "Ele os tirou da escuridão e das densas trevas e quebrou as correntes que os prendiam" (Salmo 107:14). Mas a verdadeira luz estava além do retorno deles à terra de Israel: "O povo que andava em trevas viu uma grande luz; sobre os que viviam na terra da sombra da morte raiou uma luz" (Isaías 9:2). Jesus Cristo acabaria com a *tsalmavet* do Seu povo e daria início a um novo amanhecer com a Sua vinda (veja Mateus 4:16; Lucas 1:79).

Uma metáfora essencial para o ministério da Luz do mundo era dar vista às pessoas que estavam cegas (veja Lucas 4:18). Ele literalmente curava aqueles que não tinham visão física, mas a cegueira espiritual era ainda mais grave; pois esta caracterizava toda a comunidade, especialmente os líderes-pastores.

O evangelho segundo João relata que Jesus curou um homem cego, que se torna uma testemunha inconveniente para os líderes religiosos. A indiferença deles quanto a isso faz com que Jesus os considere como cegos (veja João 9:40-41)[1]. Eles estavam perdidos em uma escuridão mortal. E, nessa condição, tornaram-se arrogantes e abusivos em relação a um homem que simplesmente respondeu a Jesus com fé. Tendo esse episódio como pano de fundo, Jesus conta a parábola do bom Pastor em João 10. Os ladrões, mercenários e lobos que Ele menciona são esses líderes, pois eles praticam o mal nas trevas; são filhos do diabo (veja João 8:44).

Na Bíblia, a escuridão é o tempo do Maligno, quando o povo e o plano de Deus são colocados em risco. É de surpreender que esses líderes foram à noite prender Jesus? A explicação do Senhor foi incisiva: "Todos os dias, estive com vocês no templo, e vocês não levantaram a mão contra mim. Contudo, esta é a hora de vocês, quando as trevas reinam" (Lucas 22:53). Uma escuridão extraordinária cobriu a tarde seguinte enquanto Jesus estava pendurado na cruz (veja Lucas 23:44). Como Jó, Jesus experimentou, em Seu sofrimento, o abandono e o total isolamento provenientes de Deus (veja Mateus 27:46).

O amanhecer foi interrompido naquela noite, quando o inferno foi lançado sobre o Cordeiro de Deus.

Assim como a luz de Deus dominou a escuridão na criação, o governante das trevas e as garras da morte se renderam ao Rei da Luz na ressurreição de Cristo (veja 2 Coríntios 4:6). Todos os crentes em Cristo estão unidos a Ele em Seu brilho sagrado: "Vocês todos são filhos da luz e filhos do dia. Não somos da noite nem das trevas" (1 Tessalonicenses 5:5).

Muitos de nós já experimentamos o isolamento desesperador e a escuridão fria que Jó descreve em seu livro de memórias. Esses períodos da vida sem a luz da compreensão ou qualquer senso da presença de Deus testam nossa fé em um Pastor invisível. Minha esposa e eu passamos por essas sombras mortais por vários anos quando nossos filhos eram pequenos. Diante das insuficiências e da consequente mudança na direção de nossa vida, entramos em *tsalmavet*. A luz pela qual ansiávamos não surgiu como esperávamos. Somente aos poucos saímos desse vale, como cristãos sóbrios e líderes humildes.

Quando um amigo compartilhou recentemente o impacto devastador que uma tragédia familiar estava causando em sua vida espiritual, eu não pude reagir como os amigos de Jó, e apenas disse: "Bem-vindo à escuridão. Há mais perguntas do que respostas neste lugar. Mas você encontrará boa companhia entre aqueles que entendem o quão pouco entendemos, mas ainda assim seguram a mão de Deus".

São João da Cruz descreve um tipo específico de experiência espiritualmente árida como a "noite escura da alma"[2]. Ele indicou a realidade inesperada da presença redentora e purificadora de Deus nessas épocas de total escuridão. Pois essa jornada pelas sombras purifica a alma de seu orgulho e de seus apegos terrenos. Nosso desafio em tempos secos e escuros é responder simplesmente com fé — acreditar que o invisível Pastor divino está conosco em nosso vale sem luz. Tateamos com esperança até que os raios de luz comecem a afastar a noite. Em algum momento, como confessou Jó, Deus "revela coisas profundas da escuridão e traz à luz densas trevas [*tsalmavet*]" (Jó 12:22).

Essas sombras surgem em momentos não planejados e difíceis para nós que somos líderes. Justamente quando precisamos demonstrar entusiasmo por determinada visão. Justamente quando nossas famílias mais precisam de nós. Justamente quando pensávamos que poderíamos desfrutar do *status quo*. Quando menos esperamos, as luzes se apagam. E nossa fé, a única chama na noite da alma, mal se mantém.

Ao nos lembrarmos de segmentos de nossa jornada que foram cobertos por sombras profundas, será que agora podemos enxergar alguma evidência da presença do divino Pastor? Caso não, continuaremos a viver "por fé, não pelo que vemos" (2 Coríntios 5:7)? De que maneira reagimos a outras pessoas que se sentem desestabilizadas em um deserto espiritual sombrio? Será que estamos tentando resolver os sentimentos delas com respostas óbvias ou nos contentamos em nos sentar com elas em *tsalmavet*?

Se a escuridão se instalou em nossos colaboradores, procuramos maneiras de substituí-los por indivíduos mais felizes ou mais produtivos, ou os valorizamos por serem exclusivamente vulneráveis à profunda obra de Deus?

Depois de sair de alguns vales escuros, temos agora uma resposta mais equilibrada para os cumes das montanhas? Será que estamos prontos para mais vales, se eles vierem — até mesmo para o "vale da sombra da morte"?

NOTAS

1 A palavra "cego" é usada 14 vezes em João 9 e novamente no capítulo 10:21, após a parábola do bom Pastor.

2 CRUZ, São João da. *Noite Escura em Obras completas.* 7.ed. Petrópolis: Vozes, 2002, p. 438-439.

Cuidem de vocês mesmos.
Atos 20:28

Dia 26

CUIDEM DE VOCÊS MESMOS!

Já refletimos um pouco sobre o papel do pastor de ovelhas como guarda e vigia. Especialmente à noite, os pastores são a única proteção que os indefesos animais têm contra lobos e ladrões. Mas o que acontece quando os guardas conspiram contra o proprietário que os contrata? E se a intenção secreta deles for roubar as ovelhas? Isso, de fato, pode acontecer. O vínculo e a lealdade que se desenvolvem entre um rebanho e a pessoa que passa mais tempo com ele podem criar, nesse protetor, a tentação de levá-lo embora. Quando o guarda se torna o inimigo, o rebanho está em grande risco.

Fiquei surpreso ao encontrar uma corrente de antagonismo e desconfiança entre os proprietários e os funcionários contratados que não são da família. Os trabalhadores do campo geralmente são sazonais. Eles não se sentem muito inclinados a se sacrificar por um trabalho com alta demanda, benefícios limitados e nenhum compromisso a longo prazo. "O empregador, por outro lado, teme a perda e os ferimentos dos animais e suspeita que o pastor, uma vez longe da tenda e fora de vista, ignora o rebanho e dorme ao sol. Os empregadores costumam reclamar que os pastores não se importam com o trabalho árduo ou com as técnicas corretas de criação de animais"[1]. Desde os tempos antigos, tem sido "uma crença comum entre os proprietários de rebanhos que os pastores roubarão ou se alimentarão de suas ovelhas se tiverem chance. Eles exigem ver a pele de cada ovelha que morre ou é abatida para se assegurarem de que seu rebanho não está sendo vendido"[2].

Quando me voltei para as Escrituras, percebi esse mesmo sentimento de desconfiança nas histórias de Labão e Jacó. Embora Jacó fosse sobrinho e genro de Labão, ele se sentiu tão desconfiado que fugiu de seu tio em Padã-Arã para preservar as propriedades que eram suas por direito. Quando Labão o alcançou, Jacó explicou: "Eu estive com o senhor nestes vinte anos, e nenhuma das suas ovelhas e cabras abortou, nem jamais comi um só carneiro do seu rebanho. Eu nunca lhe levava os animais despedaçados por feras; eu mesmo assumia o prejuízo. O senhor reivindicava de mim o pagamento por todo animal roubado de dia ou de noite" (Gênesis 31:38-39).

Ao contrário de Jacó, muitos pastores nos tempos bíblicos não eram confiáveis para guardar o rebanho de um proprietário (veja João 10:13). E isso, não apenas em relação aos trabalhadores do campo, mas também aos pastores espirituais. Embora a Bíblia ensine claramente que "o trabalhador é digno do seu salário" (1 Timóteo 5:18), há uma crítica consistente àqueles que veem a obra de Deus simplesmente como um meio de servir aos seus próprios interesses. O "Soberano SENHOR" denuncia: "Ai dos pastores de Israel que só cuidam de si mesmos! Acaso os pastores não deveriam cuidar do rebanho? Vocês comem a coalhada, vestem-se de lã e abatem os melhores animais, mas não tomam conta do rebanho" (Ezequiel 34:2-3). As pessoas da comunidade estavam sendo "tosquiadas" pelos líderes encarregados de cuidar delas (veja Judas 1:12)³. Ao fazer isso, esses falsos pastores estavam aliando-se aos predadores ao invés de cumprir o chamado de proteger o rebanho! "Por isso, estão dispersas, porque não há pastor algum, e, quando foram dispersas, elas se tornaram comida de todos os animais selvagens do campo" (Ezequiel 34:5).

Em sua advertência aos anciãos de Éfeso, Paulo leva o pensamento de Ezequiel à sua conclusão lógica. Analisamos essa passagem anteriormente com relação às ameaças exteriores em Éfeso, agora esse apóstolo, plantador de igrejas, faz a alarmante previsão de que muitos dos que atualmente eram guardiões fiéis se transformariam em lobos.

> *Cuidem de vocês mesmos e de todo o rebanho sobre o qual o Espírito Santo os designou como bispos, para pastorearem a igreja de Deus, que ele comprou com o seu próprio sangue. Sei que, depois da minha partida, lobos ferozes penetrarão no meio de vocês e não pouparão o rebanho. Dentre vocês mesmos se levantarão homens que torcerão a verdade, a fim de atrair discípulos para si. Por isso, vigiem!* Atos 20:28-31

Alguns de *vocês*, diz ele, se tornarão o inimigo. *Vocês* levarão o rebanho para longe do próprio Senhor que os contratou.

Para Paulo, os guardiões se tornam lobos ou falsos pastores não apenas quando enganam o rebanho, mas também quando atraem o povo de Deus por meio de falsos ensinamentos. Como comunicadores eficazes, os falsos mestres oferecem uma doutrina atraente e persuasiva que parece e cheira à verdade bíblica, mas seu ensino é sutilmente divisório e, em última análise, destrutivo. Com o passar do tempo, enquanto alguns desenvolvem apetência por escutar "o que os seus ouvidos, coçando, desejam ouvir" (2 Timóteo 4:3), outros parecem empenhados em causar divisão em qualquer relacionamento que possam influenciar (veja 1 Timóteo 1:2-7; 6:3-5). As ovelhas que prosperam com a controvérsia e a confusão seguem de bom grado um guarda que, em seu interior, é lobo.

Essas passagens me forçam a questionar os meus próprios motivos. Eu existo para servir minhas ovelhas e o Pastor delas, ou elas existem para me servir? Uma das críticas comuns aos pastores contratados é que eles estão nos campos apenas pelo dinheiro. Logo, o ministério é primordialmente um meio para eu pagar as contas ou enriquecer? O *status* beneficente de uma organização sem fins lucrativos é usado para proteger o uso indevido de recursos financeiros? Com que frequência "doo" meu tempo, energia ou dinheiro, esperando receber mais em troca? Penso na escolha de Paulo de ser autossustentável (veja Atos 18:2-3) e não "negociar" o evangelho (veja 2 Coríntios 2:17). Ele queria eliminar a dúvida na mente de qualquer pessoa — e quem sabe, até na dele — de que o ministério era seu dom para os outros (veja 11:7-15).

Questiono-me também sobre a minha própria ortodoxia. Será que meu pensamento está totalmente ligado à verdade revelada por Deus, ou eu sou excessivamente influenciado pelas tendências do pensamento popular? Estou fundamentado na Palavra de Deus, ou cativado por convincentes ideias "originais"? Tenho mais prazer em reforçar verdades historicamente ortodoxas, ou em desestabilizar o atual sistema de crenças de um aluno? Para se tornar um lobo, basta uma combinação de ceticismo e tempo. Os valores mudam quase imperceptivelmente e novas estruturas de referência criam raízes. Já vi isso acontecer inúmeras vezes.

Infelizmente, às vezes bons pastores se tornam lobos sem perceber a sua própria transfiguração. Eles se tornam cativos de ideias às quais antes resistiam, mas que agora promulgam. Seu "aprimorado" conhecimento espiritual é geralmente acompanhado por uma falsa humildade (veja Colossenses 2:18-23). Um pastor perdeu a coragem de falar sobre o Céu e o inferno para aqueles que estavam à beira da morte. Ele admitiu à minha esposa que estava os confortando com "algo que eles precisavam ouvir". Esse tipo de "cuidado pastoral" desprovido da verdade abre caminho para a ruína.

Servimos por um curto período nas Filipinas em uma igreja cujo jovem pastor era um defensor veemente do "evangelho da saúde e riqueza". Certa noite, quando ficou doente, ele solicitou que uma ambulância fosse secretamente até a porta dos fundos de sua casa. Esse pastor não queria que ninguém em sua congregação soubesse que sua "fórmula teológica" não estava funcionando para ele. Seu falso ensino havia conquistado muitos seguidores e uma renda substancial. Esse pastor havia se tornado um lobo.

Também conheço alguns bons pastores que simplesmente se cansaram demais para obedecer à ordem: "Combata o bom combate da fé" (1 Timóteo 6:12). Nossa determinação em enxergar as pessoas como Deus as vê é esquecida no cansaço de um ministério importante, mas desgastante. Soltamo-nos de nossos ancoradouros teológicos, e nossa identidade como pastores se dissolve. Assim, a sombra do cinismo se insinua em nosso coração, que outrora era afetuoso, e esquecemos o provérbio: "Acima de tudo, guarde o seu coração" (Provérbios 4:23).

Vimos, anteriormente, que reconhecer os lobos "lá fora" é um desafio sério e contínuo. No entanto, um autoexame sóbrio em relação ao lobo interior exige ainda mais vigilância. Quem pode avaliar com precisão os impulsos que rondam a escuridão de sua própria alma? Todos nós precisamos prestar contas a outras pessoas que possam verificar, livremente, "por baixo da nossa lã" e ver o que realmente está ali.

Tiago compreendeu a fragilidade de estar na liderança quando advertiu: "Meus irmãos, não sejam muitos de vocês mestres" (Tiago 3:1). Todos nós devemos evitar a presunção de que liderar pessoas não implica em riscos para nós mesmos. Todos nós precisamos estar atentos a nós mesmos!

NOTAS

1 BECK, Lois. *Herd Owners and Hired Shepherds: The Qashqa'i of Iran* (Proprietários de rebanhos e pastores contratados: Os Qashqa'i do Irã). Ethnology 19, n.3, 1980, p. 338.

2 BARFIELD, Thomas J. *The Central Asian Arabs of Afghanistan: Pastoral Nomadism in Transition* (Os árabes da Ásia Central do Afeganistão: Nomadismo pastoral em transição). Austin: University of Texas Press, 1981, p. 58.

3 Pedro adverte os pastores da igreja a trabalharem de boa vontade: "pastoreiem o rebanho de Deus que está aos seus cuidados [...]. Não façam isso por ganância, mas com o desejo de servir" (1 Pedro 5:2). Em sua segunda carta, ele menciona um grupo que não seguiu seu conselho: "Levados pela cobiça, tais mestres os explorarão com palavras enganosas" (2 Pedro 2:3). Veja também Tito 1:11.

*Certamente, o protetor de Israel
não cochila nem dorme!*

Salmo 121:4

Dia 27

MEU PASTOR VIGILANTE

Anwar era um jovem pastor sírio, impetuoso e independente, que trabalhava para vários proprietários de rebanhos até se cansar das condições de trabalho. Ele então partia com poucos pertences em seu cavalo para outro emprego. "Os pastores contratados não têm folga", ele me disse. De fato, Eles trabalham todos os dias, todas as noites, sem descanso. Os proprietários lhes trazem comida pela manhã e à noite, perguntam sobre os rebanhos e depois os deixam trabalhar.

Perguntei a Anwar qual o período mais longo que ele já havia trabalhado para um empregador. Ele respondeu: "Dezoito meses". Muitos pastores do Oriente Médio atual são como os pastores da Belém do primeiro século, que "viviam nos campos e guardavam os seus rebanhos durante as vigílias da noite" (Lucas 2:8 NAA). Pensei em Jacó, que lembrou a Labão que cuidar de seus rebanhos era uma responsabilidade cansativa: "O calor me consumia de dia; o frio, de noite; tampouco eu conseguia dormir" (Gênesis 31:40). Um antigo provérbio sumério diz: "O pastor em seu cansaço não consegue reconhecer sua própria mãe"[1].

Nem todos os trabalhadores contratados são tão responsáveis quanto Jacó. Os beduínos contam histórias de trabalhadores que se tornam descuidados, especialmente quando dias longos e quentes se seguem a uma sucessão de noites sem dormir. Um pastor confessou que as ovelhas de seu empregador, por ele não ter cuidado delas, quase decretaram a sua morte: "Foi no verão e eu adormeci e, quando acordei, as ovelhas tinham se perdido e oito estavam mortas. As hienas as pegaram"[2]. É fácil cair no sono, mas ele tem consequências mortais. Dizem que um bom pastor dorme como uma pantera: com um olho aberto.

Anwar, provavelmente, estava exagerando sobre não ter apoio. A maioria dos proprietários de rebanhos que conheci estava envolvida em sua administração, embora à distância em alguns casos. Bons proprietários certificam-se de que seus ajudantes tenham tempo suficiente para descansar. Às vezes, os ajudantes de campo precisam apenas confiar que não estão sozinhos.

Não há dúvida de que as Escrituras valorizam muito o trabalho árduo. Um sentimento comum é encontrado nestas palavras: "Quem relaxa no seu trabalho é irmão de quem é destrutivo" (Provérbios 18:9). Paulo disse aos irmãos: "tenham consideração para com os que se esforçam no trabalho entre vocês" (1 Tessalonicenses 5:12), mas "Se alguém não quiser trabalhar, também não coma" (2 Tessalonicenses 3:10). Com muita frequência, o povo de Deus definhou por falta de líderes que, de fato, trabalhassem arduamente. Isaías lamentou:

> *As sentinelas de Israel estão cegas [...]*
> *Deitam-se e sonham;*
> *só querem dormir.* Isaías 56:10

Embora os preguiçosos não tenham participação no pastoreio do povo de Deus, descobri nas Escrituras um bom motivo para os pastores dormirem. Às vezes, o sono reflete a confiança no envolvimento do Proprietário que não dorme. Jacó pôde dizer no final de sua jornada: "Deus [...] tem sido o meu pastor em toda a minha vida até o dia de hoje" (Gênesis 48:15). O salmista pergunta e responde:

> *"De onde me vem o socorro?"*
> *O meu socorro vem do* SENHOR. *[...]*
> *Certamente, o protetor de Israel*
> *não cochila nem dorme! [...]*
> *[Ele] protegerá a sua vida.*
> *O* SENHOR *protegerá a sua saída e a sua chegada,*
> *desde agora e para sempre.* Salmo 121:1-2,4,7-8

O sono enquanto expressão de fé é incentivado na Bíblia.

> *Se o* SENHOR *não vigiar a cidade,*
> *inútil será a vigília da sentinela.*
> *Inútil será para vocês levantar cedo e dormir tarde,*
> *trabalhando arduamente por alimento.*
> *Pois ele concede o sono*
> *a quem ama.* Salmo 127:1-2

Líderes conscientes, com uma forte ética de trabalho, precisavam entender que não eram os principais responsáveis pelo bem-estar de seus rebanhos. Pois se podia contar somente com o Pastor de Israel para arcar com todo o fardo da responsabilidade: 24 horas por dia, 7 dias por semana. Aparentemente, os líderes humanos podem assumir um controle excessivo sobre seu trabalho. A segurança do rebanho de Deus é garantida pela própria vigilância inabalável do Senhor, que sempre mantém Seus olhos abertos.

Tenho um amigo que pediu ao pastor de uma grande igreja que revelasse seu "segredo" para o crescimento fenomenal da congregação. Verificando melodramaticamente para ter certeza de que ninguém mais estava ouvindo, ele sussurrou: "Trabalho duro!". Ele estava sendo irônico porque a pergunta presumia que algum mistério fosse a chave para sua liderança. Mas o fato incontestável da liderança é que ela é um trabalho árduo e ininterrupto. Estar no comando requer frequentemente estar em mais reuniões e eventos, ler mais relatórios e ouvir mais histórias (e todos os lados de cada história) do que as outras pessoas. Muitas vezes somos nós que apagamos as luzes e trancamos as portas. Encontramos mensagens urgentes que nos chamam de volta depois de pensarmos que o dia havia terminado. Como Jacó, ansiamos pelo sono que foge de nossos olhos.

Porém, mais do que a quantidade de demandas, o verdadeiro peso da liderança é emocional. O maior estresse em nosso bem-estar (e em nossa vida familiar) é a energia necessária para cuidar de uma comunidade. Não podemos ser pegos dormindo quando o rebanho mais precisa de nós. A preocupação constante com suas necessidades e com as ameaças ao seu bem-estar faz com que o pastor se sinta esgotado. Embora possamos delegar efetivamente algumas tarefas a colaboradores de confiança, somente nós sentimos o peso da responsabilidade final pela saúde e pelo sucesso de nossa organização ou igreja. Eles têm nosso número de telefone celular. Eles foram informados de como entrar em contato conosco se precisarem. Quando não estamos sem dormir por causa da fadiga física, frequentemente enfrentamos noites agitadas com as preocupações que acompanham esse senso de responsabilidade. Mesmo quando o rebanho que temos em mente é a nossa família, não podemos começar a ponderar o peso da preocupação. Ela nunca acaba.

O único consolo verdadeiro para o fardo implacável da liderança é a realidade de que Deus, o Supremo Pastor do rebanho, "não cochila nem dorme" (Salmo 121:4). Deus está comprometido com a supervisão incessante de nossas comunidades porque as pessoas de quem cuidamos são dele. "Ele nos fez, e somos dele: somos o seu povo, rebanho do seu pastoreio" (Salmo 100:3). A propriedade de Deus nos coloca no papel de Seus assistentes como vice-líderes e copastores. Não podemos carregar o fardo da liderança sem perceber que Deus é o Proprietário do rebanho. Seja qual for o nosso contexto ministerial, precisamos usufruir dessa realidade a fim de encontrar alívio durante as vigílias da noite. "Pois ele concede o sono a quem ama" (Salmo 127:2).

Fico me perguntando: Será que carrego o fardo da responsabilidade como se fosse exclusivamente meu, ou confio no Senhor do rebanho para cobrir o turno da noite?

No fim das contas, *liderar significa deixar ir.*

NOTAS

1 HALLO, William W.; YOUNGER, K. Lawson (eds.). *The Context of Scripture*, v.1, *Canonical Compositions from the Biblical World* (O context das Escrituras, v. 1, Composições canônicas do mundo bíblico). Leiden, Holanda: E. J. Brill, 1997, p. 564.

2 CRITCHFIELD, Richard. The Golden Bowl Be Broken: Peasant Life in Four Cultures (A taça de ouro será quebrada: A vida camponesa em quatro culturas). Bloomington: Indiana University Press, 1973, p. 27.

ORIENTAÇÃO

Com a tua força, tu o levas à tua santa [pastagem].
Êxodo 15:13

Dia 28

LIDERANDO COM PROPÓSITO

Neste último segmento de nossa jornada, passaremos alguns dias refletindo sobre o papel dos pastores-líderes como orientadores. Além da provisão e da proteção, para onde os pastores estão tentando levar seus rebanhos? O que é necessário para se chegar lá? A orientação de um pastor envolve definir a missão, lançar a visão e gerenciar os objetivos em um ambiente em constante mudança.

Para que o rebanho avance em direção às metas de produtividade e reprodução almejadas pelo pastor, veremos que características como trabalho árduo, confiabilidade, adaptabilidade, persistência e sabedoria são necessárias. As ovelhas, por natureza, não conseguem ver o panorama geral e, ocasionalmente, precisam ser conduzidas ao seu destino.

A experiência de um pastor chamado Husein me faz lembrar das crises, muitas vezes imprevistas, e das situações ameaçadoras que precisam ser habilidosamente enfrentadas no deserto.

Husein gritou que uma tempestade estava chegando e que eles deveriam levar o rebanho de volta para as tendas. O rebanho foi redirecionado e começou a se mover rapidamente. Mas uma grande ovelha marrom parecia, naquele momento, estar em trabalho de parto e não conseguia acompanhar as demais, e Husein teve de diminuir o ritmo dos animais na dianteira. À medida que avançavam, a ovelha marrom parecia estar, cada vez, com mais dificuldade; ela dava alguns passos e tombava exausta no solo, descansava por alguns momentos e se esforçava para se levantar e tentar alcançá-los. [...]

Quando os relâmpagos chegaram, a ovelha estava dando à luz. [...] Husein se levantou e correu para ajudar no parto, tirando gentilmente o cordeiro do ventre [...]. [Ele] o deu para a ovelha lamber e, em seguida, envolveu o cordeiro nas dobras de seu manto, colocando-o cuidadosamente no calor seco para evitar que ficasse resfriado.[1]

Husein era um bom pastor que conseguia discernir as mudanças no ambiente e verificar o impacto dele em seu rebanho. No entanto, ao mesmo tempo em que gerenciava todo o rebanho, ele tinha um olho em cada ovelha individualmente. Com habilidade, ele resgatou uma ovelha em dificuldades, salvou a vida de um recém-nascido e voltou à crise maior que estava enfrentando.

As histórias sobre o deserto, relatadas no Pentateuco, caracterizam Deus como o Pastor orientador. O Pastor divino de Israel conduziu Seu povo pelo deserto por meio de colunas de nuvem e fogo.

Ele abriu caminho pelo mar Vermelho e, por fim, conduziu-os em segurança ao seu refúgio de descanso (veja Salmo 77:19-20; 78:53-54). Números parece ser um livro sobre uma perambulação incerta, mas o resumo no capítulo 33 revela Deus guiando o Seu povo com propósito. Os desvios resultaram da má vontade da comunidade em seguir a direção e o tempo do Senhor (veja Números 13–14).

O que mais me chama a atenção nesses relatos é a disposição divina de trabalhar com o Seu povo, apesar dos erros deles, conduzindo-os em direção ao Seu plano geral. Quarenta anos a mais na desolação do deserto foram acrescentados ao itinerário deles por causa da desobediência. Contudo, Deus permaneceu por perto, guiando-os dia e noite. Ele estava determinado a levar Seus filhos à Terra Prometida. Deus manteve Sua visão para a comunidade durante toda a trajetória deles (veja Números 34–35).

Juntamente com as colunas de nuvem e fogo, a orientação no período de peregrinação pelo deserto também assumiu a forma de conversas frequentes entre Deus e Moisés na "tenda do encontro" do divino Pastor (veja Êxodo 33:7-11). Posso imaginar o líder de

Israel caminhando cuidadosamente em direção à abertura da tenda sagrada, esperando respeitosamente por instruções sobre questões específicas enfrentadas pela comunidade. A sabedoria divina se tornava acessível caso a caso.

A expressão suprema e permanente da orientação de Deus foi a Torá entregue por meio de Moisés. Com uma assinatura divina, esse projeto de vida comunitária forneceria orientação contínua para as gerações seguintes. A Torá traçou uma missão para o povo de Deus e aplicações práticas quanto a sua visão moral. Usando uma convenção comum aos antigos reis do Oriente Próximo, as leis de Deus foram incorporadas em um relacionamento de aliança destinado a garantir o bem-estar de Israel.

No deserto, a direta orientação divina era óbvia e dramática. Entretanto, delegar a tarefa de orientação a confiáveis pastores humanos também era essencial ao plano de Deus. Embora Deuteronômio 32:12 afirme que o "Senhor sozinho" conduziu Israel, o Salmo 77:20 contempla o auxílio de instrumentos humanos: "Guiaste o teu povo como a um rebanho pela mão de Moisés e de Arão". Essa "preferência divina pelo arbítrio humano"[2] é um princípio sobre o qual vamos refletir nos próximos dias.

Descobri o interesse de Deus em me usar para orientar outras pessoas em um acampamento escolar do Ensino Médio no Camp Meadowrun. Como um dos conselheiros do evento, eu era responsável por um grupo de meninos do terceiro ano, um dos quais tinha síndrome de Asperger.

Franky Moore tinha idiossincrasias. Ele comia alimentos diferenciados, não participava de atividades em grupo e falava sozinho constantemente. Os hábitos antissociais aliados à obesidade faziam dele um alvo fácil para o humor de seus colegas. No entanto, a incrível capacidade que ele tinha para relatar fatos deixava-os admirados. Se você perguntasse a Franky quem ganhou a *World Series* [N.T.: final da *Major League Baseball* nos Estados Unidos e no Canadá] em 1967, ele contaria não apenas quem jogou e ganhou, mas também os nomes dos arremessadores e o placar final. Se você não o interrompesse, ele lhe contaria sobre cada jogo da série, em qualquer ano.

Não tentei forçá-lo a fazer atividades das quais ele se esquivava e deixei que a corrente de interesses do grupo o levasse conosco, mas eu realmente queria que Franky desfrutasse da natação com o restante do grupo. Embora soubesse nadar, ele se recusava a entrar na água todas as tardes em que íamos à piscina. Quando eu pedia que se juntasse a nós, Franky respondia: "Minha mãe disse que tenho que colocar meu traje de banho, mas que não preciso nadar". Ele rodeava a piscina na ponta dos pés, com a barriga balançando a cada passo e repetindo essa resposta para si mesmo.

Um dia me inspirei a tentar uma nova tática quando o vi andando em círculos, então ajoelhei-me em seu caminho e propositalmente interrompi sua rotina com a pergunta:

—Franky, você vai nadar hoje?

—Minha mãe disse que eu tenho que colocar meu traje de banho, mas que não preciso nadar.

—Eu sei, Franky. Você não precisa nadar.

—É isso mesmo, eu não preciso nadar. Minha mãe disse que eu não preciso.

—Franky, eu sei que você não precisa nadar; mas você pode nadar.

O garoto pareceu desconcertado com a variação em nosso diálogo bem ensaiado. Agora uma pequena multidão de colegas de acampamento estava esperando para ver como a conversa se desenrolaria.

—Eu não tenho que nadar — repetiu ele.

—Mas você pode nadar — continuei.

Experimentamos essas novas frases mais algumas vezes e o rosto de Franky Moore assumiu uma aparência incomum de prazer. Ele anunciou com convicção: "Eu não tenho que nadar, eu posso nadar!", repetiu seu novo mantra e depois pulou na piscina diante de uma pequena multidão atônita. Você deveria ter ouvido os aplausos!

Ainda me lembro do rosto radiante de Franky subindo à superfície da água após seu primeiro salto.

—Está frio, Tim! — gritou ele, batendo na água vigorosamente.

—Eu sei, Franky. Mas depois que você se acostumar, vai gostar.

—Eu já estou gostando, Tim.

Conto essa história porque foi uma ocasião, em minha vida, em que fui desafiado a descobrir como liderar alguém que não aproveitava totalmente os benefícios da vida em nosso pequeno rebanho. Em vez de deixá-lo vagando em círculos, Deus me usou para conduzir Franky a uma nova maneira de pensar e experimentar a vida.

Ele se juntou ao nosso grupo na piscina todos os dias durante o restante do acampamento, já não estava mais isolado. Acredito que nossas descobertas, durante os próximos dias, promoverão uma boa reflexão sobre o que significa guiar pessoas nos caminhos de Deus usando a sabedoria divina.

NOTAS

1 CRITCHFIELD, Richard. *The Golden Bowl Be Broken: Peasant Life in Four Cultures* (A taça de ouro será quebrada: A vida camponesa em quatro culturas). Bloomington: Indiana University Press, 1973, p. 28-29.

2 Essa frase foi cunhada em LANIAK, Timothy S. *Shepherds after My Own Heart: Pastoral Traditions and Leadership in the Bible* (Pastores segundo o meu próprio coração: Tradições pastorais e liderança na Bíblia). New Studies in Biblical Theology 20. Downers Grove, IL: InterVarsity Press, 2006, p. 22.

Sigam-me.

Mateus 4:19

Dia 29

SEGUINDO O LÍDER

Os pastores geralmente lideram caminhando à frente do rebanho e eventualmente olham para trás, eles utilizam um apito ou chamado especial para manter a horda alinhada. A noção de "liderar um rebanho" vem dessa óbvia realidade física de estar à frente. Lembro-me de um pastor que presumiu que minhas perguntas sobre pastoreio seriam mais bem respondidas se eu passasse o dia sozinho com seu rebanho.

—Algum dia desses, leve os animais para fora e você aprenderá o que isso significa.

—Mas não posso levá-los para fora! Se eu sair do cercado pela manhã, nenhum deles me seguirá — protestei.

Meu amigo pastor de ovelhas admitiu que eu estava certo. Sua história de relacionamento com o rebanho garantiu o que poderíamos chamar de "seguidores".

Embora a famosa posição frontal do pastor seja típica, também há ocasiões em que ele se coloca ao lado ou, mais frequentemente, atrás do rebanho. Um exemplo disso está no que Deus disse a Davi: "Eu tirei você das pastagens e do trabalho de andar atrás das ovelhas" (2 Samuel 7:8 NAA), e na fala de um pastor-profeta: "o Senhor me tirou do trabalho de andar atrás do gado" (Amós 7:15 NAA).

Perguntei aos pastores o que os faz mudar de posição, supondo que várias centenas de animais ficam praticamente sem líder quando não há alguém à frente deles, e suas respostas foram esclarecedoras.

Quando os rebanhos estão em uma área aberta, naturalmente seguem sua fonte humana de provisão e proteção. Mas em viagens por áreas agrícolas ou espaços sem boa visibilidade, muitas vezes, os pastores vão atrás deles para conduzi-los. Eles precisam manter os animais famintos em movimento, pois podem ser multados caso seus rebanhos venham a pastar nas terras agrícolas de alguém. A posição traseira, juntamente com os comandos constantes para que continuem andando, evita que os animais se distraiam. Os que estão na frente sentem a pressão do movimento do rebanho pela retaguarda.

Outra ocasião para conduzir as ovelhas dessa maneira é na longa jornada até um novo pasto ou acampamento. Às vezes, os rebanhos cansados precisam ser empurrados para um destino contra a vontade deles.

Três verbos hebraicos importantes são usados para referir-se à condução de um rebanho: *Nahal*, que significa guiar com ternura e pode referir-se a levar um rebanho a um lugar de descanso e refrigério; *Nakhah*, um verbo de orientação direta; e *Nahag*, que sugere um pastoreio diretivo, realizado de preferência na parte de trás do rebanho, quando a vontade do pastor precisa ser imposta[1]. Esses três verbos expressam o tipo de liderança que Deus proporcionou ao Seu povo no relato das Escrituras, e isso é o que Ele espera de pastores escolhidos[2].

Encontrei esses verbos proeminentes nos relatos registrados em Êxodo: "Durante o dia, o Senhor ia adiante deles em uma coluna de nuvem para guiá-los [*nakhah*] no caminho" (13:21); "com a tua força, tu o levas [gentilmente, *nahal*] à tua santa habitação" (15:13); e ainda em Salmos: "Tirou, porém, o seu povo como ovelhas e o conduziu [*nahag*] feito um rebanho pelo deserto" (78:52). É evidente que Deus conduziu Seu rebanho da mesma forma que os bons pastores fazem, sempre levando em conta a natureza das ovelhas e o cenário desértico.

Estes mesmos termos foram utilizados em mensagens de esperança de um segundo êxodo, escritas para uma comunidade que enfrentava o exílio:

> *Não terão fome nem sede;*
> *o calor do deserto e o sol não os atingirão.*
> *Aquele que tem compaixão deles os guiará [nahag]*
> *e os conduzirá [nahal] às fontes de água.* Isaías 49:10

> *Como pastor, ele cuida do seu rebanho [...],*
> *conduz com cuidado [nahal] as ovelhas*
> *que amamentam as suas crias.* Isaías 40:11

> O SENHOR *o guiará [nakhah] constantemente;*
> *satisfará os seus desejos em uma terra ressequida pelo sol.*
> Isaías 58:11

Deus foi retratado como o Pastor que variava seu estilo de liderança para garantir que Seu precioso rebanho chegasse em segurança ao lar.

O Salmo 23 descreve a liderança pastoral personalizada de Deus com dois desses verbos: "Ele [...] me conduz [*nahal*] a águas tranquilas" (v.2) e "Guia-me [*nakhah*] pelas veredas da justiça" (v.3). Retornamos algumas vezes a esse salmo do Pastor ao longo de nossa jornada, mas uma suposição essencial e óbvia dessa famosa canção ainda não recebeu muita atenção. O escritor, tradicionalmente identificado como o rei Davi, reconheceu que era uma ovelha. Embora nomeado pastor da nação, ele era, de várias maneiras, conduzido, guiado e dirigido como um dos rebanhos de Deus. O Salmo 23 é um lembrete de que os líderes são tanto pastores quanto ovelhas. Biblicamente, *liderar começa com ser liderado*.

Até mesmo o bom Pastor considerou necessário ser liderado. Jesus frequentemente buscava o conselho de Seu Guia celestial, Ele declarou de forma explícita que fazia apenas o que o Pai orientava (veja João 8:28). Na parábola do bom Pastor, Ele afirmou: "dou a minha vida pelas ovelhas" (João 10:15), pois essa "ordem recebi do meu Pai" (10:18). Embora estivesse em grande angústia antes da Sua morte, Cristo orou: "Pai [...] não seja feita a minha vontade, mas a tua" (Lucas 22:42).

Esse dia nos levou a refletir sobre liderar e ser liderado.

Primeiro, consideremos nossas posições e disposições de liderança. Estar à frente é uma imagem marcante da liderança por influência. Conquistar a lealdade de um grupo de pessoas a ponto de elas o seguirem onde quer que você vá é uma façanha incrível. Entretanto, não podemos nos contentar em estar nessa posição o tempo todo. Os líderes-pastores sabem quando devem se movimentar na retaguarda, pois entendem a distração e o cansaço humanos. Às vezes, precisamos guiar pessoas pelas laterais.

Segundo, analisemos nossa preferência por um estilo específico em nossas posições de liderança. Tal estilo é um padrão definido simplesmente por nosso temperamento ou por nossas descrições de cargo? Talvez precisemos nos tornar mais flexíveis à medida que o ambiente muda ou o nível de energia do rebanho diminui. Às vezes, ficar na retaguarda pode nos dar a perspectiva necessária para entender a razão de alguns membros do grupo não estarem conseguindo acompanhar o ritmo dos demais.

Agora, reflitamos sobre o fato de sermos liderados. Estar à frente, a maior parte do tempo, pode facilmente inflar nosso sentimento de autovalorização, mas entender que somos primeiramente seguidores refreia nossos impulsos de autoengrandecimento. Precisamos experimentar o que é o seguir para podermos liderar bem os outros.

Seguimos nosso Pastor celestial em obediência diária, mesmo quando as diretrizes dele são contrárias aos nossos interesses? Nos enxergamos genuinamente tanto como ovelhas quanto como pastores? Temos aprendido sobre liderança no processo de sermos guiados pelo Espírito de Deus? Ser seguidor é o começo e o fim para uma liderança eficaz.

NOTAS

1 Este termo, por exemplo, pode descrever pessoas levadas para o exílio (veja Deuteronômio 4:27; Isaías 20:4).

2 O verbo grego *odegeo* é frequentemente usado para transmitir esses diferentes significados na Septuaginta e no Novo Testamento. Esse verbo descreve o papel do Espírito como guia na vida do crente em Jesus (veja João 16:13).

O Senhor [...] me guia por caminhos certos.
Salmo 23:3 (NTLH)

Dia 30

CAMINHOS CERTOS

Aconteceu em um dia pouco promissor de julho...

A primeira ovelha saltou para a morte. Em seguida, os pastores turcos, que haviam deixado o rebanho pastando enquanto tomavam o café da manhã, assistiram atônitos as outras quase 1.500 ovelhas, uma a uma seguindo-a e pulando do mesmo penhasco. [...]

Ao final, 450 animais jaziam mortos uns sobre os outros em uma pilha branca e ondulante.[1]

Por que os pastores foram tão impotentes para impedir a investida de tantas ovelhas pelo precipício? A tragédia aconteceu claramente porque as ovelhas foram guiadas para o caminho errado. Sem saber o que estava por vir, cada uma delas simplesmente seguiu a outra, perecendo no vale abaixo. Um comportamento curioso das ovelhas é que, quando uma escolhe um caminho, as demais seguem a cauda à sua frente sem se importar com o seu final.

Os bons pastores conduzem seus rebanhos pelos caminhos certos. Esse tipo de orientação exige que se conheça suficientemente bem o ambiente para reconhecer o destino de cada rota. A valiosa vida de seu rebanho depende de diretrizes certas.

A rota do pastor era uma imagem comum às leis de um líder na literatura antiga. O rei Iddin Dagan, do século 20 a.C., acreditava ter sido incumbido por seu deus para "manter o povo na rota"[2]. Na imagem familiar do Salmo 23, o Pastor divino guia o salmista por caminhos certos, "pelas veredas da justiça" (v.3). Essas são as "rotas" ou "caminhos" justos que nos levam em segurança para a pastagem e para casa novamente. As imagens envolvendo caminhos na Bíblia celebram os padrões normativos de comportamento piedoso. Andar nos caminhos de Deus significa seguir Suas orientações. Somente essas diretrizes divinas garantem a segurança do rebanho. O testemunho disso pode ser visto em outro versículo: "Os meus passos seguem firmes nas tuas veredas; os meus pés não escorregaram" (Salmo 17:5).

As leis de Deus são chamadas de Torá, um termo que também pode significar ensino. A Torá é o caminho seguro, a trilha certa pela qual o povo de Deus caminha. Os mandamentos das Escrituras são as pegadas do Pastor divino. Deus advertiu o antigo Israel a não se desviar "nem para a direita nem para a esquerda" (Deuteronômio 5:32). A oração de nossa antiga liturgia é: "Ensina-me o teu caminho, Senhor" (Salmo 27:11). Uma pessoa "em cujo coração se encontram os caminhos aplanados" (Salmo 84:5 NAA) internalizou o caminho de Deus.

As leis de Deus representam o único caminho à vida, em meio a um deserto onde há muitas rotas já traçadas que podem desorientar aqueles que por ele trafega. O antigo Israel perdeu sua nacionalidade, pois, conforme a Palavra de Deus:

O meu povo esqueceu-se de mim.
Queimam incenso a ídolos inúteis,
que os fazem tropeçar nos seus caminhos
e nas antigas veredas,
para que andem em desvios,
em estradas não aterradas. Jeremias 18:15

Israel havia seguido outros deuses que os deixaram dispersos e vulneráveis, vagando perigosamente no deserto do exílio. Eles se perderam, abandonando o Pastor que havia se mostrado, a eles, um guia fiel. O Senhor os guiou

pelo deserto,
por uma terra árida e cheia de covas,
por terra seca e de densas trevas[3]*,*
terra pela qual ninguém passa e onde ninguém vive. Jeremias 2:6

Para os exilados que haviam se desviado e voltado "para o seu próprio caminho" (Isaías 53:6) vieram palavras de esperança de que Deus providenciaria novamente um caminho no deserto (veja 43:19).

No monte Sinai, Deus havia projetado uma sociedade com regras justas. As leis da Torá deveriam ser um testemunho de Sua sabedoria perante as nações.

Vocês devem obedecer-lhes e cumpri-los, pois assim os outros povos verão a sabedoria e o entendimento de vocês. Quando eles ouvirem todos estes estatutos, dirão: "De fato, esta grande nação é um povo sábio e inteligente". Pois que grande nação tem deuses tão próximos como o SENHOR [...]? Ou que grande nação tem estatutos e preceitos tão justos como esta lei que hoje apresento a vocês?". Deuteronômio 4:6-8

As regras têm o potencial de preservar a vida e fazê-la florescer: "Pois hoje ordeno a vocês que amem ao SENHOR, o seu Deus, andem nos seus caminhos e guardem os seus mandamentos, estatutos e ordenanças; então, vocês terão vida e aumentarão em número, e o SENHOR, o seu Deus, os abençoará na terra em que vão entrar para dela tomar posse" (Deuteronômio 30:16).

Fico imaginando as pegadas de retidão ou os hábitos do coração pelos quais nós, como seguidores, viajamos. Que modelo de comportamento normativo ou regra de vida estabelecemos em particular para nós mesmos diante de Deus, independentemente de quem esteja nos observando? A meditação nas Escrituras é uma prática diária? A oração é reflexiva e intercessória? Buscamos intencionalmente o conselho sábio de outras pessoas que estão imersas na Palavra de Deus? Todos nós precisamos de trilhas bem-marcadas, "caminhos certos" (Salmo 23:3 NTLH) para seguirmos mesmo quando as "caudas" de nossos companheiros mais próximos, se desviam por caminhos tentadores.

Vamos refletir sobre rotas pelas quais conduzimos os outros. Quais caminhos justos ou trilhas de retidão temos estabelecido em nossas comunidades? O significado de permanecer no caminho certo está claro para as pessoas que congregam conosco? Pois elas precisam de processos, políticas, procedimentos e protocolos sábios e cuidadosamente pensados para prosperar. Elas precisam de orientação completa e reorientação regular a fim de atenderem os esperados padrões de conduta. Elas se beneficiam de regras claras, consistentemente aplicadas e regularmente revisadas. Todos nós precisamos dos benefícios de diretrizes corretas sem o peso de uma burocracia desnecessária. Assim como você, eu já vi pessoas prosperarem com boas normativas; também já as vi fracassarem sem diretrizes.

As pessoas andam por caminhos certos quando têm guias sábios que entendem que a instrução é uma expressão constante de boa liderança. Analisemos as diretrizes escritas e não escritas que servem como caminhos para a nossa igreja, empresa ou família. Lembre-se de que é fácil seguir por caminhos bem pavimentados; porém, seguir as "caudas" dos outros também o é.

Nossas ovelhas estão sendo guiadas com segurança por caminhos certos ou estão sujeitas a caírem em um penhasco?

NOTAS

1 *Sheep Jump to Their Deaths* (Ovelhas saltam para morte), CBSNews.com. Publicado em 11 de julho, 2005. Disponível em https://www.cbsnews.com/news/the-odd-truth-july-8-2005/. [Tradução livre de trecho da reportagem.]

2 *A Praise Poem of IddinDagan (Iddin-Dagan B) 2.5.3.2* (Um poema de louvor de Iddin-Dagan (Iddin-Dagan B) 2.5.3.2), *Electronic Text Corpus of Sumerian Literature* (Corpus de texto eletrônico da literatura suméria), modificado em 30 de março, 2005. Disponível em https://etcsl.orinst.ox.ac.uk/cgi-bin/etcsl.cgi?text=t.2.5.3.2#.

3 Aqui é usada a palavra hebraica *tsalmavet*, que significa "escuridão total".

*Estão firmes em um só espírito,
como uma só alma, lutando juntos pela fé.*

Filipenses 1:27 (NAA)

Dia 31

TRABALHANDO JUNTOS

Os trabalhos mais exigentes geralmente se tornam uma forja para as amizades mais profundas da vida. O fato de sermos colegas de trabalho durante crises e transições cria, juntamente com a rotina diária, um vínculo tão próximo quanto os laços familiares. Encontro essa dinâmica entre aqueles que passam dias quentes e noites frias juntos, cuidando das diversas e constantes necessidades de um rebanho. É interessante observar que as mesmas consoantes para a palavra "pastor", no hebraico, podem significar também "amigo"[1].

Embora a vida de um pastor envolva muitas horas solitárias, grande parte do trabalho é compartilhada. A criação de animais no Oriente Médio tem sido tradicionalmente um negócio familiar desde os tempos bíblicos. Uma família pode ter de 30 a 50 ovelhas e cabras e uma pequena fazenda para sobreviver. Os pecuaristas podem gerar um excedente de produtos para o comércio com um rebanho de cem ou mais animais. No entanto, essas recompensas só chegam como resultado do trabalho árduo de todos os membros da família, sejam homens ou mulheres, jovens ou idosos.[2] "Aqui existe uma hierarquia informal baseada na idade... no entanto, em muitos aspectos os pastores são todos iguais. [Eles] precisam viver, trabalhar e respirar juntos. Cooperação é sinônimo de sobrevivência"[3].

Já vi crianças com apenas seis anos totalmente envolvidas nas tarefas de pastoreio. A ajuda contratada é integrada à equipe da família. O resultado é uma notável sinergia de esforço colaborativo, especialmente na primavera, quando convergem as atividades de tosquia, parto, ordenha e transporte.

Em muitos casos, os funcionários contratados tornam-se, de fato, membros da família. Eles participam de todas as tarefas e são sustentados pelos produtos provenientes dos rebanhos. Suhair, um homem que conheci no extremo Negev, disse que seu sobrenome foi dado pela família para a qual seus avós haviam trabalhado. Eu já tinha ouvido falar de "parentesco fictício" antes, e ali estava um exemplo vivo dessa antiga tradição de adoção virtual. A solidariedade compartilhada no trabalho comum fundiu famílias distintas em uma identidade única.

Na Bíblia, os pastores aumentaram seus negócios familiares incorporando ocasionalmente parentes e até mesmo estranhos confiáveis. Jacó foi incorporado à família de seu tio Labão como pastor (veja Gênesis 29) e Moisés se uniu a uma família midianita com a qual não compartilhava a mesma linhagem (veja Êxodo 2). Juntar-se à família significava compartilhar o trabalho e as recompensas do pastoreio.

Um paralelo espiritual é encontrado no convite de Deus para sermos tanto família quanto colegas de trabalho em Seu "negócio familiar". Jesus definiu Sua verdadeira família como aqueles que cumpriam Sua vontade. Apontando para Seus comprometidos seguidores, Ele disse: "Aqui estão a minha mãe e os meus irmãos!" (Mateus 12:49). O apóstolo Paulo compartilhava essa mesma camaradagem e vínculo familiar com seus colegas de ministério na plantação de igrejas[4]. No final de sua carta aos Romanos, no capítulo 16, ele elogiou a "irmã Febe" (v.1), pois havia sido de grande auxílio a ele e para tantos outros. Ele saudou o casal "Priscila e Áquila" (v.3), que "arriscaram a vida" (v.4) por ele, e relembrou "Maria, que trabalhou arduamente" (v.6) por eles. Os parentes do apóstolo, Andrônico e Júnia, haviam se tornado "companheiros de prisão" (v.7) dele. Assim como "a amada Pérside" (v.12), Estáquis, era um "amado irmão" (v.9). Urbano, foi um "cooperador em Cristo" (v.9), e Trifena e Trifosa foram mulheres que trabalharam "arduamente no Senhor" (v.12). A lista menciona 30 pessoas pelo nome com diferentes designações, todas elas refletindo a intimidade e a alegria que resultam do trabalhar lado a lado na obra mais significativa deste mundo.

A Igreja de Cristo é uma unidade, um corpo que "cresce e edifica a si mesmo em amor à medida que cada parte realiza a sua função" (Efésios 4:16). Em outra epístola, Paulo incentiva os crentes em Jesus a demonstrarem unidade em seu trabalho e a seguirem "firmes em um só espírito, como uma só alma, lutando juntos pela fé do evangelho" (Filipenses 1:27 NAA). Ele ficou triste quando duas de suas cooperadoras estavam em desacordo: "Peço a Evódia e a Síntique que tenham o mesmo entendimento no Senhor. Sim, e peço a você, leal companheiro de jugo, que as ajude, pois lutaram ao meu lado na causa do evangelho, com Clemente e com os meus demais cooperadores, cujos nomes estão no livro da vida" (Filipenses 4:2-3). A convivência era essencial para o progresso do trabalho.

O chamado bíblico para a colaboração entre colegas, entre um grupo tão diverso de pessoas, está fundamentado na convicção de que os líderes são chamados para servir juntos ao rebanho de Deus. Eles têm o mesmo Senhor a quem cada um presta contas. Pedro exortou os colegas anciãos da seguinte forma: "pastoreiem o rebanho de Deus que está aos seus cuidados. Olhem por ele [...] como Deus quer. [...] Não ajam como dominadores dos que foram confiados a vocês [...]. Quando se manifestar o Supremo Pastor, vocês receberão a imperecível coroa da glória" (1 Pedro 5:2-4).

Minha esposa e eu experimentamos o entusiasmo e a camaradagem que advêm de começar uma escola junto com pessoas que pensam da mesma forma. Muitos já tiveram essa experiência com a plantação de uma igreja. A visão nos leva a trabalhar inúmeras horas e a fazer sacrifícios impensáveis. Lembro-me que uma repórter perguntou quanto tempo, em média, eu e Maureen investíamos semanalmente durante o ano anterior à inauguração da escola. Sem pensar muito, eu disse:

—Cada um de nós? Talvez de 10 a 15 horas.

—Você só pode estar brincando, deve ser muito mais do que isso. — Ela respondeu.

—Provavelmente, mas é que ninguém está contando, — respondi.

Paulo disse: "Dou graças ao meu Deus sempre que me lembro de vocês" (Filipenses 1:3). Façamos o mesmo (veja Colossenses 1:3; 1 Tessalonicenses 1:2)! Reservemos um tempo para relembrar com gratidão as amizades profundas que se formaram em nossos contextos de liderança. Algumas provavelmente foram forjadas quando o trabalho era mais árduo e as crises mais urgentes. Hoje, provavelmente pensamos em cada um desses indivíduos como um "amigo mais chegado que um irmão" (Provérbios 18:24).

No negócio familiar, que envolve o pastoreio, existe uma apreciação pelo que cada membro é mais adequado para fazer. Há concessões para os pontos fracos e expectativas para os pontos fortes. No entanto, até que ponto essa flexível dinâmica familiar caracteriza nossas comunidades espirituais? Quais seriam os impedimentos para isso?

Como está nosso espírito de equipe atualmente? Os participantes dela se sentem como uma família? Quais são os desafios externos ou ameaças interpessoais à boa harmonia do trabalho? Às vezes, nossas experiências de liderança parecem muito com uma família disfuncional.

A eficácia dos líderes geralmente é determinada pela forma como eles mobilizam uma equipe de colaboradores para compartilhar a mesma visão e paixão pelo trabalho em questão. Há três perguntas que podem nos ajudar a avaliar se temos ou não uma visão verdadeiramente compartilhada: O fardo que esperamos que os outros compartilhem está nos consumindo primeiro? O trabalho é compartilhado o suficiente para que os demais não estejam simplesmente nos observando fazer a maior parte dele? Está claro que unir-se a um serviço de autossacrifício é uma expressão de lealdade não tanto pessoalmente a nós, mas ao Supremo Pastor?

NOTAS

1 O termo pastor é proveniente da raiz da palavra hebraica *ra'ah*, que também significa "amigo".

2 Veja Gênesis 24:13; 29:6; 37:2; Êxodo 2:16; 1 Samuel 16:11; 17:15.

3 Paul Rowinski, mencionado em BAKER, Frederick. *The Last Shepherds of the Abruzzi*? (Os últimos pastores de Abruzzi?). Hertfordshire: Baracca, 1989, p.12.

4 A noção de ministério de Paulo foi moldada pelo compartilhamento. Usando o prefixo grego *syn*, ele se referiu aos leitores de sua epístola como companheiros anciãos, coerdeiros, companheiros de serviço, companheiros de prisão, colaboradores, companheiros escravos, concidadãos, companheiros soldados, coparticipantes e companheiros membros do Corpo de Cristo.

*[Os] príncipes da terra — os carneiros
e cordeiros, os bodes e novilhos.*

Ezequiel 39:18 (NAA)

Dia 32

LÍDERES DENTRO DO REBANHO

Sempre fico surpreso quando me deparo com um pastor sozinho no deserto com centenas de animais. Imagine exercer qualquer controle sobre uma multidão dessas, especialmente com tantas necessidades e possíveis contratempos. E quando o rebanho chega a um ponto de pastagem, os animais se dispersam em pequenos grupos e começam a vagar. Principalmente as cabras.

Com o tempo, descobri o segredo dos pastores de ovelhas: eles conferem poder aos líderes naturais do rebanho. Geralmente, 90% do grupo é composto por ovelhas (fêmeas). Por natureza, elas são seguidoras dóceis, mantendo a cabeça baixa e seguindo as caudas à sua frente. Já os carneiros (machos) são mais agressivos e conscientes de seu ambiente. Um pastor sábio precisa entender essas características inatas.

Lembro-me de uma vez em que tentei fotografar um grupo de ovelhas. Um punhado de carneiros formou instintivamente um bloqueio protetor entre mim e o rebanho. Embora eles briguem entre si pela "ordem hierárquica", geralmente formam uma classe de liderança com a qual os pastores podem contar.

As cabras são outra história. Elas não se reúnem em bandos. Fiéis à sua natureza independente, saem em busca de folhagens aleatórias. Dois irmãos da tribo Beni Sakhr ilustram esse fato. Hisham pastoreia ovelhas e Amjad pastoreia cabras. Amjad disse com uma risada: "Elas nunca me deixam descansar, ficam sempre se mexendo e se metendo em problemas. O trabalho do meu irmão é fácil". Durante a tarde, minha entrevista com Hisham transcorreu sem interrupções, mas Amjad mal se sentou.

Embora as cabras causem o maior incômodo para os pastores, é possível ver o valor delas durante uma caminhada entre os pastos. As cabras proporcionam liderança. Às vezes, elas trotam ao longo das bordas do rebanho como sargentos mantendo as tropas em ordem.

Em outra ocasião, fiquei bastante impressionado com um bode que aparentemente comandou a ordem na hora da alimentação. Ele ficou no meio de vários comedouros enquanto as ovelhas corriam para se alimentar, algo impressionante para um animal famoso por sua imprudente independência.

Outros tipos de líderes se formam em um rebanho, o pastor pode treinar um cordeiro específico para representá-lo. Na Jordânia chamam isso de *mariá*. Ao nascer, esse animal, geralmente fêmea, é unido ao jumento usado pelo pastor, outro membro da "equipe de liderança". Se o pastor levar parte de seu rebanho para um bebedouro ou sair em busca de alguns lagartos, o jumento ou o *mariá* pode ser deixado com os outros. Pois o rebanho fica satisfeito com o substituto.

Certa vez, vi um rebanho de tamanho considerável movendo-se sem um pastor sob o sol ardente do vale do Jordão. Uma fonte de água corria nas proximidades, mas eles estavam organizados de forma surpreendente, aguardando algum tipo de sinal. Entre eles estava o jumento-pastor. Quando o pastor de ovelhas voltou, perguntei por quanto tempo ele poderia esperar que o rebanho respeitasse seu substituto, especialmente por saber que seus pares lanosos estavam para saciar a sede a alguns metros de distância. Eu esperava que ele dissesse 20 minutos, mas para a minha surpresa ele disse dois dias!

A lição mais memorável que aprendi foi enquanto observava estudantes rabínicos em Neot Kedumim, um centro de pesquisa sobre a natureza e a Bíblia. Foi pedido aos alunos que guiassem um rebanho de 13 ovelhas e cabras por um cercado, seguindo três regras: os animais não podiam tocar a cerca, eles tinham que atravessar uma pequena ponte no centro do cercado e os participantes não podiam mover o rebanho fisicamente. Três ou quatro alunos de cada vez entraram no cercado, mas o rebanho se dispersou irremediavelmente. Nenhum deles conseguiu mobilizar esse pequeno grupo de animais (embora alguns tenham tentado suborná-los com salgadinhos). A chave estava em uma imponente ovelha que possuía a liderança natural do rebanho: bastava apenas que alguém fizesse contato visual com ela e começasse a andar à sua frente. Assim, ela teria o seguido e levado os demais animais com ela, inclusive as cabras.

Pode ser uma surpresa que os bodes, mencionados em Mateus 25:32-33 para representar as pessoas egocêntricas que ficarão do lado esquerdo (ruim) do Pastor-Juiz, também sejam símbolos de líderes na Bíblia. Após uma geração de exílio, Deus exortou que o remanescente fugisse da Babilônia "como os bodes que lideram o rebanho" (Jeremias 50:8). A maioria dos leitores não sabe que em algumas passagens do Antigo Testamento a expressão hebraica para bode ou cabra (*'attud*) está por trás da palavra "líder". Um exemplo:

> *Minha ira arde contra seus pastores,*
> *e eu castigarei esses líderes [bodes].*
> *Pois o SENHOR dos Exércitos chegou*
> *para cuidar de Judá, seu rebanho.* Zacarias 10:3 (NVT)

Os termos "pastores" e "bodes" são paralelos, o que sugere um trabalho semelhante.

A Bíblia mostra a preferência de Deus por uma diversidade surpreendente entre seus líderes escolhidos. Ao lado de líderes épicos como Moisés, Débora, Davi, Jesus e Paulo, encontramos líderes coadjuvantes como Arão e Miriã, Baraque, Jônatas, Maria Madalena e Barnabé. Também podemos citar Mordecai e Ester, que se revezavam na liderança um do outro, trocando de papéis em uma crise nacional.

Inúmeros anciãos anônimos também compunham o corpo de decisão local. Paulo em Efésios 4:11-12 descreve o dom especial de ensino que os apóstolos, profetas, evangelistas e pastores tinham, e articula o papel deles "de preparar os santos para a obra do ministério" (v.12), ou seja: equipar o povo de Deus para o serviço. As igrejas locais, supervisionadas por presbíteros e diáconos, deveriam ser centros de atividades ministeriais. A imagem do Corpo de Cristo em 1 Coríntios 12 sugere que cada indivíduo oferece uma liderança exclusivamente dotada para os outros membros desse Corpo.

Ao refletirmos sobre nossos vários ambientes organizacionais ou comunitários, podemos nos identificar com um tipo ou outro de liderança? Em dois contextos descobri que sou uma cabra. Felizmente isso me ocorreu apenas após eu perceber que as tendências das cabras podem ser boas. Embora a independência me coloque em apuros às vezes, ela também faz com que os outros me sigam.

Nas situações em que sou o pastor, frequentemente fico impaciente com as cabras, pois pensadores independentes podem retardar os processos do grupo. Pergunto-me se estamos dispostos a dar alguma liberdade às cabras, já que elas demandam mais energia para as conduzirmos. Os beduínos estão certos: "Você não pode viver com elas, mas também não pode viver sem elas".

De que maneira estamos aproveitando, enquanto líderes, a liderança inata que existe dentro de nossos rebanhos? Temos observado atentamente para identificar os carneiros? Reconhecemos os dons de liderança entre as ovelhas, aquelas que não têm personalidade dominante?

Algumas estão tão intimamente associadas a nós que já conseguem fazer com que as outras as sigam facilmente, assim como o jumento e o *mariá*? Talvez possamos promover essa associação de forma mais explícita.

No final das contas, a liderança nunca pode ser reduzida a um indivíduo, pois é uma dinâmica compartilhada em qualquer comunidade ou organização. A liderança compartilhada é uma realidade em um rebanho e uma norma bíblica para o povo de Deus.

*Se essas qualidades existirem e estiverem crescendo
na vida de vocês, elas impedirão que sejam ineficazes e improdutivos
no conhecimento do nosso Senhor Jesus Cristo.*

2 Pedro 1:8

Dia 33

PRODUTIVIDADE

Talvez por causa da parábola da ovelha perdida e das 99, temos a tendência de imaginar rebanhos relativamente pequenos. Fiquei impressionado quando vi 400 ovelhas com um pastor pela primeira vez. Depois vi 2.000, mas mesmo esse número é insignificante em comparação aos rebanhos de outras partes do Oriente Médio.

A domesticação de ovelhas e cabras ocorreu muito antes da civilização ali, e seus produtos têm sido os principais componentes da economia dessa região até hoje. Na antiguidade, os rebanhos reais chegavam a centenas de milhares. Relatos de rebanhos do século 21 a.C. na antiga cidade de Ur contam com 350.000 animais, o consumo anual das cortes da antiga Ebla exigia de 70.000 a 80.000 animais de rebanho e os registros de espetaculares banquetes incluem 25.000 ovelhas. O abate para rituais religiosos exigia a criação de um número ainda maior de animais, e invadir o rebanho vizinho para atender a essas enormes demandas era um dos principais motivos de guerra. No século 15 a.C., na batalha de Megido, o rei egípcio Tutmés apropriou-se de mais de 20.000 ovelhas. Tempos depois,

Ramsés II gabou-se por ter confiscado dezenas de milhares de animais dos hititas[1].

Descobri que esses vastos rebanhos não eram criados apenas para o abate, mas também por serem uma fonte inesgotável de recursos, já que forneciam suprimento fresco e quase ilimitado de fibras e produtos lácteos.

Algumas vezes os beduínos chamam seus rebanhos de *halal*. Esse termo me pegou de surpresa porque o reconheci como um adjetivo. *Halal* significa bom e puro, é uma descrição dos produtos das ovelhas, bem como de seus temperamentos. Esses animais há séculos têm fornecido lã ao mundo, uma ovelha pode ser tosquiada anualmente e fornecer até dois quilos desse material bruto que é durável, quente e resistente ao fogo. Esse produto é usado na confecção de roupas, tapetes, travesseiros e colchões[2], pois absorve bem a umidade (inclusive corantes) e permite o fluxo de ar. As cabras também são tosquiadas anualmente e seus pelos se transformam em cordas, cobertores e nos painéis pretos costurados da tradicional tenda do deserto mais visível em qualquer acampamento. A tenda de Deus, o Tabernáculo, era tecida principalmente com pelos de cabra.

Esses dois animais são fontes confiáveis de leite fresco em regiões quentes sem refrigeração. Uma ovelha saudável pode fornecer mais de 25 galões de leite com alto teor de gordura por ano. O ouro branco é convertido em coalhada, manteiga, gordura (para velas, sabão etc.) e uma grande variedade de iogurtes e queijos (até 35% de gordura e 25% de proteína). Quando tratado adequadamente, o queijo pode durar indefinidamente. Um tipo chamado *kishk*, seco e salgado, ainda pode ser consumido depois de 10 anos se você adicionar um pouco de água! As cabras produzem até 50% a mais de leite do que as ovelhas, embora este seja menos valorizado por ter menos gordura. Outro subproduto resulta do fato de os animais pastarem nos campos após a colheita e seus excrementos substituírem nutrientes importantes no solo.

Por fim, os animais do rebanho fazem sua contribuição final: são abatidos para servir de alimento. A carne de carneiro é uma iguaria rara entre os pastores do Oriente Médio, geralmente reservada para ocasiões especiais. Jamais esquecerei de quando comi um cordeiro com um anfitrião beduíno que o apresentou com a cauda gorda e o crânio por cima da carne. A cauda é uma iguaria com 100% de gordura que éramos obrigados a comer e fingir que estávamos gostando! Nos tempos bíblicos, os sacerdotes recebiam essas caudas como uma fonte valiosa de gordura na dieta de Israel (veja Levítico 7:1-6).

A carne é apenas um dos produtos de um animal abatido. Como disse um observador, "tudo é usado, exceto o balido"[3]. O sangue tinha uma função simbólica central no ritual religioso, os chifres se tornariam instrumentos para fazer sons de guerra e adoração ou para carregar pequenos objetos, os ossos se tornariam ferramentas e as peles secas e costuradas de ambos os animais seriam usadas como recipientes de água na antiguidade para transportar líquidos, e como batedeiras. Os exércitos usavam peles de carneiro infladas para atravessar rios. O couro também era usado para fazer roupas e, se curtido, podia ser transformado em pergaminho.

Para nós que vivemos em culturas industrializadas, apreciar o valor único dos animais de rebanho nas sociedades tradicionais do Oriente Médio pode ser difícil. Os rebanhos são um capital valioso com "dividendos" regulares de leite e fibras, chamados de "contas bancárias a pé", "armários móveis de carne" ou "fábricas de queijo autônomas", e realizam boa parte desses feitos pastando na vegetação que cresce de forma natural, além das terras agrícolas. Um amigo antropólogo me disse uma frase memorável sobre isso: "Eles produzem carne a partir de espinhos secos!"[4].

O impulso em direção à produtividade entre os pastores nos fornece algo a se considerar enquanto líderes bíblicos. Acredito que a produtividade *espiritual* é difundida e completamente orgânica nas Escrituras, e não algo gerado pela atividade humana. Pedro provê uma lista de qualidades divinamente potencializadas — virtude, conhecimento, domínio próprio, perseverança, piedade, fraternidade, amor (veja 2 Pedro 1:6-7) — e conclui: "Porque, se essas qualidades existirem e estiverem crescendo na vida de vocês, elas impedirão que sejam ineficazes e improdutivos no conhecimento do nosso Senhor Jesus Cristo" (v.8). No Novo Testamento, o Espírito Santo é identificado como a fonte da produtividade espiritual. O "fruto do Espírito é amor, alegria, paz, paciência, amabilidade, bondade, fidelidade, mansidão e domínio próprio" (Gálatas 5:22-23). O desejo do Espírito Santo é nos tornar *frutíferos* (veja Filipenses 1:11; Colossenses 1:10).

O Espírito Santo é a fonte de outro tipo de produto: os dons espirituais.

A cada um, porém, é dada a manifestação do Espírito, visando ao bem comum. A um, pelo Espírito, é dada a palavra de sabedoria; a outro, pelo mesmo Espírito, a palavra de conhecimento; a outro, fé, pelo mesmo Espírito; a outro, dons de curar, pelo mesmo Espírito; a outro, poderes para realizar milagres; a outro, profecia; a outro, discernimento de espíritos; a outro, variedade de línguas; a outro, ainda, interpretação de línguas. Todas essas coisas, porém, são realizadas pelo mesmo e único Espírito, e ele as distribui a cada um como quer.

1 Coríntios 12:7-11

Os dons do Espírito, assim como o Seu fruto, servem para beneficiar a comunidade. O rebanho de Deus deve ser *halal*, bom em temperamento e produtividade. Com a nutrição espiritual adequada, os cristãos se tornam fontes de produtos que dão vida a outros.

Receio que tenhamos usado erroneamente o termo *produtividade* como sinônimo de ocupação ou atividade. Em vez disso, nosso interesse deve ser na vida do Espírito que se expressa no caráter de Cristo. Conseguimos reconhecer o fruto e os dons do Espírito Santo em nossa própria vida? Talvez agora seja o momento de pedir a colegas de confiança uma opinião sobre nossa produtividade *espiritual*.

Imagens de produtividade espiritual são lembretes de que Deus tem um propósito para nos abençoar. É claro que Ele se preocupa com nossa saúde e bem-estar, mas Seu propósito principal é abençoar outras pessoas por meio de nós. Conseguimos identificar as maneiras pelas quais o Senhor nos capacitou para capacitarmos outras pessoas? Quem está ao nosso redor tem sido nutrido por nossos produtos espirituais?

Permita-me ajustar a lente para focar em nossa liderança. Estamos levando nossos rebanhos à simples atividade religiosa ou os incentivando à produtividade espiritual saudável? Uma ampla variedade de produtos espirituais tem sido apreciada e desenvolvida? Em outras palavras, estamos realmente interessados no que o Espírito Santo concedeu às pessoas que estão sob nossos cuidados? Uma reflexão séria sobre essas questões pode nos impedir de sermos "ineficazes e improdutivos no conhecimento do nosso Senhor Jesus Cristo" (2 Pedro 1:8).

NOTAS

1 Veja LANIAK, Timothy S. *Shepherds after My Own Heart: Pastoral Traditions and Leadership in the Bible* (Pastores segundo o meu próprio coração: Tradições pastorais e liderança na Bíblia). New Studies in Biblical Theology 20. Downers Grove, IL: InterVarsity Press, 2006, p. 42-46.

2 Até a época de Davi, a lã era arrancada.

3 OUTERBRIDGE, David. *The Last Shepherds* (Os últimos pastores). Nova York: Viking, 1979, p. 21.

4 KRESSEL, Gideon. *Let Shepherding Endure: Applied Anthropology and the Preservation of a Cultural Tradition in Israel and the Middle East* (Que o pastoreio perdure: Antropologia aplicada e a preservação de uma tradição cultural em Israel e no Oriente Médio). Albânia: New York State University Press, 2003, p. 126.

Frutificai, e multiplicai-vos, e enchei a terra.
Gênesis 1:28 (ARC)

Dia 34

REPRODUÇÃO

Sempre que estávamos nos campos fotografando as ovelhas, os pastores se empenhavam em exibir seus melhores carneiros. Eu poderia estar interessado em ovelhas malhadas e salpicadas, ovelhas amamentando ou crianças brincando, mas eles faziam sinal para que eu esperasse, pegavam nos chifres de seu carneiro favorito e posavam para uma foto. Eu entendi por que eles tinham tanto orgulho dos machos: em um rebanho geralmente composto por 90% de fêmeas, os carneiros e os machos eram mantidos para reprodução. A maioria dos cordeiros e cabritos jovens era vendida e os poucos que eram mantidos tornavam-se reprodutores em potencial. Com uma proporção de aproximadamente um macho para dez fêmeas, o futuro do crescimento do rebanho equivalia à virilidade desses machos.

O interesse de um pastor de ovelhas pela produção é expresso em última análise em seus esforços para garantir uma reprodução bem-sucedida. Um antigo poema descreve os pastores "trabalhando muito para torná-las incontáveis"[1]. O ideal é que os proprietários tentem duplicar o tamanho do rebanho anualmente. Eles desejam poder dizer: "todas produzem gêmeos, e nenhuma *há* estéril entre elas" (Cantares 4:2 ARC). Com alimento e água suficientes, um rebanho pode reproduzir até duas vezes por ano. Durante o cio, os pastores prestam muita atenção em quais animais estão acasalando, e quais não, e tentam garantir que todas as ovelhas fiquem prenhas. Entretanto, o ideal de 100% dificilmente é alcançado e nunca como uma média por vários anos. Embora algumas fêmeas concebam gêmeos, outras sofrem aborto. Devido à morte de mães e recém-nascidos, doenças e predadores, a venda de machos desmamados para pagar despesas e o fornecimento imprevisível de água e vegetação, um rebanho pode ter um crescimento médio de apenas 10% ao ano. As chances para que isso aconteça ou que os resultados sejam melhores dependem da habilidade do pastor em trabalhar com a natureza.

Um rebanho produtivo e reprodutivo é semelhante à vida abençoada que Deus incentivou quando criou os seres humanos: "Frutificai, e multiplicai-vos, e enchei a terra" (Gênesis 1:28 ARC). Ele repete essa ordem de criação a Noé depois que o dilúvio destruiu o mundo (veja 9:1).

A multiplicação de ovelhas e cabras é um sinal de bênção na Bíblia, ao passo que a dizimação de um rebanho é uma maldição[2]. Deus prometeu à Sua comunidade de moradores de tendas "uma terra boa e vasta, onde fluem leite e mel" (Êxodo 3:8), um ambiente seleto para a criação de rebanhos e o cultivo agrícola. Essa foi a terra para a qual Deus levou Abraão quando fez a promessa pela primeira vez. O patriarca criou rebanhos tão grandes que ele e seu sobrinho Ló tiveram que se separar e mudar, cada um, para regiões diferentes. Como um pastor rico em bens móveis, Abraão tinha acesso às cortes dos reis. Seu neto Jacó também foi um pastor bem-sucedido e, apesar das tentativas de seu tio Labão de manter o seu *status* como dependente dele, Jacó conseguiu criar seus próprios rebanhos e finalmente sair daquele lugar.

A história de Jacó e os animais listrados, salpicados e pintados em Gênesis 30 tem fascinado os comentaristas há gerações. Esse caso é um relato de superstição, de intervenção divina ou da astúcia de um pastor de ovelhas experiente? Ele pediu a seu tio que lhe desse apenas as ovelhas "salpicadas e pintadas, todos os cordeiros pretos e todas as cabras pintadas e salpicadas" (v.32), como salário. Esse pedido foi menor do que os 10% a 20% que um pastor tinha direito nos contratos de trabalho na época. Então, Labão concordou, mas "separou todos os bodes listrados ou com manchas brancas, todas as cabras que tinham pintas ou manchas brancas e todos os cordeiros pretos e os pôs aos cuidados dos seus filhos" (v.35). Essa foi uma das muitas maneiras pelas quais ele tentou enganar seu sobrinho.

Contudo, Jacó ainda estava encarregado dos rebanhos de Labão e incentivou a procriação das fêmeas mais fortes colocando "galhos verdes de estoraque, amendoeira e plátano" (v.37), descascados parcialmente, em seus bebedouros. O suposto efeito das substâncias tóxicas, consideradas como afrodisíacas, dessas árvores era acelerar o ciclo do cio[3]. Como Jacó esperava, os machos responderam às ovelhas que foram colocadas perto dos bebedouros e o resultado foi milagroso: os animais fortes deram à luz filhotes "listrados, salpicados e pintados" (v.39). Entretanto, o verdadeiro segredo do sucesso de Jacó não estava em sua estratégia e técnicas incomuns. Esses foram apenas os meios, revelados em um sonho (veja Gênesis 31:10-13), para que Deus concedesse a bênção da multiplicação. A reprodução é, em última análise, resultado da intervenção divina.

À multiplicação de um rebanho tem um significado espiritual no livro de Jeremias. Esse profeta parecia ter uma incomum familiaridade com as realidades pastorais[4]. Por seu intermédio, Deus promete a uma nação à beira do exílio e possível extinção: "Eu os trarei de volta para seu curral, e eles serão férteis e se multiplicarão" (Jeremias 23:3 NVT). Essas palavras refletem o mandato da criação para uma comunidade que está enfrentando a morte e a privação. Deus substituiria a esterilidade por energia criativa e vida nova.

O Novo Testamento ecoa o mandato da criação na grande comissão: "Portanto, vão e façam discípulos de todas as nações, batizando-os em nome do Pai, do Filho e do Espírito Santo" (Mateus 28:19). Os discípulos deveriam multiplicar os seguidores de Jesus por toda a Terra e a história de como isso começou está no livro de Atos. Em mais de uma dúzia de ocasiões importantes, lemos que o número de crentes em Jesus aumentou. O tamanho do rebanho crescia onde quer que o evangelho fosse pregado. Os recém-chegados gentios eram as "outras ovelhas" as quais Jesus se referiu, em João 10:16, ao falar aos Seus primeiros seguidores judeus.

Quando estamos saudáveis e com bons recursos, a reprodução é natural. Uma pergunta que precisamos responder é se estamos ou não nos reproduzindo pessoalmente. Estamos trazendo para este mundo uma nova vida em outras pessoas?

Estamos treinando o evangelismo e modelando o discipulado em nossos ministérios, relacionamentos de mentoria e famílias? Estamos ajudando nossos colegas a entender a reprodução como algo natural e orgânico? Já comunicamos plenamente a ideia de que *liderar é reproduzir*?

Coloquemos a preocupação com o crescimento em perspectiva: Se uma comunidade cristã não está crescendo numericamente, é por falta de foco intencional e esforço organizado ou por falta de saúde espiritual? Embora a reprodução de um rebanho seja natural, os pastores precisam estar atentos aos momentos oportunos, ao que poderíamos chamar de "temporada de reprodução" espiritual. A meta de todo pastor deve ser a mesma do Proprietário: 100% de aproveitamento na reprodução.

NOTAS

1 HALLO, William W.; YOUNGER, K. Lawson (eds.). *The Context of Scripture, v.1, Canonical Compositions from the Biblical World* (O contexto das Escrituras, v. 1, Composições canônicas do mundo bíblico). Leiden, Holanda: E. J. Brill, 1997, p. 44.

2 Deuteronômio 7:13; 28:4,18,31,51. Veja também Jó, que teve um rebanho de 7.000 destruído por Satanás, mas, depois, Deus o recompensou com outro de 14.000.

3 SARNA, Nahum M. *The JPS Torah Commentary: Genesis* (Gênesis: comentário JPS da Torá). Filadéfia: Jewish Publication Society, 1989, p.212. Veja NOEGEL, Scott B. *Sex, Sticks, and the Trickster in Gen. 30:31-43* (Sexo, pedaços de pau e o malandro em Gênesis 30:31-43). *Journal of Ancient Near Eastern Society* 25, 1997, p. 7-17.

4 Veja HAREUVENI, Nogah. *Desert and Shepherd in Our Biblical Heritage* (O deserto e o pastor em nossa herança bíblica). Lod, Israel: Neot Kedumim, 1991.

Pastoreiem o rebanho de Deus que está aos seus cuidados.
1 Pedro 5:2

Dia 35

PENSE EM REBANHO

Assim que Rivka me disse: "Pense em rebanho, Tim!", eu sabia que uma nova percepção sobre pastoreio estava prestes a entrar em foco.

Rivka havia imigrado para Israel na década de 1960, ela era jovem, idealista e entusiasmada com a ideia de viver em contato direto com a terra. Ela e sua família foram pastores de cabras por vários anos no deserto bíblico da Judeia e aprenderam muito com os nativos pastores beduínos acampados nas proximidades. Era uma vida difícil com pouca renda, mas algumas lições importantes. Aprendi uma delas durante uma entrevista em sua clínica veterinária. Rivka, que atualmente se dedica integralmente a essa profissão, me disse que minhas perguntas refletiam um interesse quase exclusivo por animais individuais, seus hábitos, necessidades e doenças; mas que eu precisaria de um quadro de referência diferente para entender o pastoreio: eu precisava "pensar em rebanho".

Embora os pastores cuidem intimamente de cada um de seus animais, eles também se preocupam com o *status* de todo o rebanho. "Pensar em rebanho" significa tomar decisões priorizando o bem-estar coletivo. Os pastores gerenciam recursos hídricos e alimentares em um ambiente ecologicamente imprevisível, negociam acordos comerciais e de vendas, reavaliam as rotas de viagem em função das condições climáticas e da segurança do rebanho. Eles administram a contribuição de tudo isso.

Quanto maior o rebanho, mais arriscadas as decisões. Em um determinado tamanho limite e durante estações específicas, alguns pastores passam mais tempo gerenciando os assuntos do rebanho do que cuidando dele pessoalmente. Um beduíno afirmou: "Atualmente, um pecuarista precisa ser um bom gerente para ser bem-sucedido. Ele precisa providenciar o acesso às pastagens, fornecer água, organizar o pastoreio, adquirir forragem, obter cuidados veterinários e medicamentos e tomar decisões sobre quando e quantos animais vender"[1]. Os proprietários precisam depender de pastores confiáveis, que trabalham no campo, para a criação diária dos animais.

Já observei como os rebanhos podiam ser enormes na antiguidade, chegando, às vezes, a centenas de milhares. O gerenciamento dos rebanhos nas sociedades antigas de Ur, Uruk e Ugarit envolvia três níveis diferentes de pastores. Além dos chefes administrativos, havia os chefes contratados e os pastores de campo[2]. Quando perguntei aos beduínos sobre a hierarquia dos pastores, eles sempre respondiam de forma simples: "Somos pastores". Alguns eram proprietários, outros faziam parte da família dos proprietários e ainda havia os funcionários contratados. Apesar da necessária divisão de trabalho, o termo preferido para todos os envolvidos era *pastor de ovelhas*. Essa preferência refletia a realidade de que todos eles haviam passado um tempo considerável com os rebanhos nos campos e continuariam a fazê-lo conforme fosse necessário.

Como proprietário de 2.000 ovelhas, Abu-Munir me disse: "Contratei pastores que cuidam de 500 cabeças cada um, mas eu passo um tempo com os animais todos os dias. Talvez os doentes. Talvez os recém-nascidos. Se eu não estivesse com as ovelhas diariamente, não saberia do que elas precisam e não conseguiria fazer boas decisões". Embora pudesse passar mais tempo em uma tenda fresca e sombreada, ele sabia que o contato pessoal com animais individuais e subgrupos dava perspectiva para a supervisão gerencial de seu grande rebanho.

O Salmo 23 é uma meditação preciosa sobre o Senhor como "meu Pastor". Apreciar Deus em termos pessoais é bíblico, mas encontrei referências pastorais mais frequentes nas referências coletivas ao "povo[3] do seu pastoreio, o rebanho sob os seus cuidados" (Salmo 95:7).

O líder real em Israel era chamado de *nagid* às vezes, o mesmo termo usado em outras sociedades antigas para referir-se a um chefe de rebanho. Ao povo disperso no exílio, Deus prometeu: "Porei sobre as ovelhas um pastor, meu servo Davi; ele as alimentará e será seu pastor. E eu, o SENHOR, serei o seu Deus, e meu servo Davi será príncipe [*nagid*] no meio de meu povo" (Ezequiel 34:23-24 NVT). Davi seria tanto o pastor do campo quanto o pastor-rei, Deus queria que ele expressasse seu coração de pastor na administração de uma nação.

A promessa registrada em Ezequiel foi cumprida pelo grande descendente de Davi, Jesus Cristo. Seu ministério foi marcado por um foco intenso em 12 discípulos, três dos quais compartilhavam do Seu círculo mais íntimo. No entanto, 72 discípulos foram mobilizados em pelo menos uma ocasião (veja Lucas 10:1). Com frequência, Jesus ensinava e ministrava a milhares de pessoas de uma só vez. Quando viu essas multidões "como ovelhas sem pastor" (Marcos 6:34), ele reuniu Seus discípulos como pastores substitutos para cuidar da alimentação delas (veja vv.35-44).

Mais tarde, esses mesmos discípulos, por considerarem imenso o trabalho de pastoreio espiritual em Jerusalém, escolheram ajudantes capacitados para administrar as necessidades individuais enquanto eles mantinham o foco no bem-estar de todo o rebanho (veja Atos 6:1-6). A estratégia de Paulo para a plantação de igrejas envolvia o gerenciamento do crescimento de vários novos rebanhos por meio de pastores treinados e confiáveis em cada cidade. Para os líderes da Igreja Primitiva, assim como para os pastores beduínos, havia um movimento fluido entre o cuidado íntimo e individual e o gerenciamento estratégico e abrangente do rebanho.

Esse tópico pode ser difícil para aqueles de nós que entraram no ministério vocacional com o coração voltado para as pessoas. Desejamos cuidar delas como indivíduos, mas a dinâmica de grupo acaba nos alcançando. Seja qual for a denominação eclesiástica ou ministério com o qual trabalhamos, há uma identidade geral que é diferente do conjunto agregado de seus membros, uma macroidentidade a ser discernida e gerenciada. Mais cedo ou mais tarde, somos confrontados com decisões difíceis que dizem respeito ao interesse do todo, mas que são tomadas às custas de uma pessoa ou família. Podemos nos ver discutindo demissões em uma reunião fechada da diretoria sem avisar antecipadamente os funcionários envolvidos. Podemos usar a disciplina pública para advertir outras pessoas a evitar comportamentos semelhantes. Já tive de resistir ao instinto de compaixão para modificar uma boa política em função das atitudes específicas de um indivíduo quando o resultado seria debilitante para todos. Sendo franco, sei que "pensar em rebanho" vai contra a minha natureza.

Assim como os assistentes sociais, muitos de nós gostamos de trabalhar com casos, mas não com a papelada. Os sonhos de passar horas tranquilas preparando sermões se chocam com a realidade de tediosas reuniões administrativas, de demoradas campanhas de captação de recursos, de manutenção de prédios e de uma série de crises inesperadas. Precisamos gerenciar os recursos humanos e materiais. Temos de administrar nosso próprio tempo e energia de forma eficaz. Somente depois de vários ambientes ministeriais e de um longo estudo bíblico é que passei a entender que a administração é uma expressão significativa do pastoreio. O sentimento de "Eu só quero ser um pastor" geralmente carece de uma teologia bíblica de gerenciamento. Até mesmo uma família pequena exige pastores dispostos a gerenciar. A mulher virtuosa de Provérbios 31 é claramente a administradora da casa.

À medida que o rebanho cresce, mais níveis de administração tendem a se desenvolver. Embora a tendência por diagramas organizacionais planos continue, o crescimento normalmente exige camadas administrativas. Alguns pastores de grandes igrejas dizem que passaram de pastores a fazendeiros. Para alguns, essa declaração é uma admissão pesarosa de que as realidades de uma grande congregação os impedem de estar "com as ovelhas" tanto quanto antes. Um pastor declarou: "Não me chame mais de 'pastor', eu só era seu pastor quando podia visitar cada família e realizar os casamentos e funerais que ocorriam na igreja".

Quando ouço esses sentimentos, lembro-me da preferência dos beduínos pela palavra *pastor*, independentemente da mudança em suas funções. Pastores fazem reuniões, discutem orçamentos e adaptam o planejamento estratégico às circunstâncias emergentes. Mas eles também insistem no contato com seus rebanhos. Como Abu-Munir, eles dizem: "Se eu não estivesse com as ovelhas todos os dias, não saberia do que elas precisam". Pelo menos de forma seletiva e simbólica, os pastores-líderes devem encontrar tempo regular para estar no campo com as ovelhas. Devemos aceitar as realidades de um rebanho em crescimento sem culpa e prestar muita atenção às nossas funções em constante mudança, sem precisarmos abandonar nossa identidade fundamental.

Nós somos pastores.

NOTAS

1 COLE, Donald Powell; ALTORKI, Soraya. *Bedouin, Settlers, and Holiday-Makers: Egypt's Changing Northwest Coast* (Beduínos, colonos e turistas A costa noroeste do Egito em transformação). Cairo: American University in Cairo Press, 1998, p. 129.

2 Para mais detalhes, consulte LANIAK, Timothy S. *Shepherds after My Own Heart: Pastoral Traditions and Leadership in the Bible* (Pastores segundo o meu próprio coração: Tradições pastorais e liderança na Bíblia). New Studies in Biblical Theology 20. Downers Grove, IL: InterVarsity Press, 2006, p. 43.

3 É provável que o significado original da palavra hebraica para "povo" ('*am*) seja "rebanho" (veja Salmos 74:1; 77:20; 80:1).

Pastoreiem o rebanho de Deus que há entre vocês [...] não por ganância, mas de boa vontade.

1 Pedro 5:2 (NAA)

Dia 36

ENCONTRANDO BOA AJUDA

Meu intérprete jordaniano, Kamil, e eu saímos cedo em uma manhã para fazer entrevistas. Perto de um cume que dividia a antiga Amon e Moabe, avistamos um grande rebanho pastando. Nossa aproximação foi recepcionada por latidos de cães, mas nenhum pastor ou tenda foi avistado. Então, do meio do rebanho, um homem envelhecido, envolto em um manto, levantou-se do chão onde havia passado a noite. Ele fez a saudação tradicional, *Marhaba* ("Seja bem-vindo"), e nos convidou para nos juntarmos a ele. Depois de aceitar a explicação de Kamil para nossa visita, Abu-Yasmin se acomodou no solo macio para ouvir nossas perguntas.

Tentei fazer algumas perguntas gerais sobre pastoreio, mas ele deu respostas breves e previsíveis, provavelmente não havíamos escolhido o melhor momento para uma contação de histórias, então propus um cenário: "Se eu quisesse comprar algumas de suas ovelhas e pedisse que me ensinasse tudo o que preciso saber para cuidar delas, quanto tempo isso levaria? Como seria o 'currículo'?". Aparentemente, Abu-Yasmin não percebeu a natureza hipotética da minha pergunta.

No entanto, seus ouvidos se animaram com a menção de uma venda e ele e Kamil começaram uma discussão animada sem me incluir.

Tentei esclarecer que na verdade eu só queria aprender sobre pastoreio, então Abu-Yasmin me olhou de forma atenta e demorada e deu outra resposta breve. Então, ele e Kamil rindo, inclinaram-se para trás.

—O que ele disse?, — protestei curioso.

Kamil hesitou em me dizer, mas finalmente consegui saber a verdade depois de insistir.

—Ele disse que você é inútil!

No mundo de Abu-Yasmin, você cresce como pastor. Os beduínos não escrevem livros didáticos. Eles transmitem as habilidades de pastoreio conforme a necessidade e em sua rica tradição de contar histórias, ao lado da lareira à noite. Isso é mais aprendido do que ensinado.

Embora a família seja a principal força de trabalho, membros locais que não fazem parte dela podem ser empregados. Portanto, minha linha de questionamento mudou para: "O que você procura quando contrata alguém de outra família? De que maneira você encontra um bom ajudante?".

A primeira resposta a essa pergunta já estava evidente: habilidade ou conhecimento especializado. Os sentimentos de Abu-Yasmin são compartilhados por membros da tribo Qashqa'i do Irã, que dizem: "A qualidade do pastoreio do pastor é imediatamente aparente para o empregador... Ao contrário de outras formas de produção, a criação de animais é diretamente afetada pela quantidade e qualidade de mão de obra investida"[1].

Entretanto, o conhecimento da criação de animais por si só é inútil. Nas palavras de outro pastor de ovelhas, o sucesso nessa profissão "requer habilidade para reconhecer e atender às necessidades dos animais e muito trabalho árduo, que deve resultar na melhoria das condições do rebanho do empregador"[2]. A falta de ética no trabalho é a queixa mais comum entre os proprietários de rebanhos.

No entanto, a experiência e o trabalho árduo são valiosos somente quando combinados com um terceiro atributo: confiabilidade. Quando o sustento de uma família é colocado vulneravelmente nas mãos de trabalhadores que, em algumas regiões, saem por meses a fio; um pastor habilidoso, trabalhador e confiável é o sonho de todo proprietário[3].

Fiz um levantamento dos títulos e epítetos dos reis no antigo mundo do Oriente Próximo e descobri que o mais consistente e amplamente comprovado é o de "pastor fiel". Essa designação indicava conhecimento, trabalho árduo e prestação de contas perante os deuses. A Bíblia celebra o rei Davi como um servo de "coração íntegro", escolhido por Deus para pastorear Seu povo "com mãos habilidosas" (Salmo 78:72).

O Pastor divino procurava por confiáveis trabalhadores do campo, que guiassem "com conhecimento e entendimento" (Jeremias 3:15), pastores que entendessem o papel deles como administradores e servos. Em muitas ocasiões, Deus teve dificuldade em encontrar bons ajudantes. Ele condenou os pastores-governantes de Judá por presumirem que seu papel tinha como base o direito em vez do dever (veja Ezequiel 34:3). Embora a Bíblia revele uma "preferência divina pelo arbítrio humano"[4], Deus prometeu interromper essa vergonhosa liderança.

A interrupção veio na pessoa do Messias. Ao viver próximo de Seus discípulos por três anos, Jesus lhes ensinou a pastorear ao estilo dos beduínos. Ele os envolvia em Seu trabalho e oferecia mais instruções e trabalho, juntamente com o descanso, quando voltavam de suas tarefas. Com esse ritmo, Jesus modelou uma ética de trabalho e cultivou um senso de responsabilidade pessoal.

Pedro certamente entendeu a mensagem. Em uma carta escrita anos depois, para outros pastores "de ovelhas", ele os lembra de como trabalhar para o divino Dono do rebanho.

> *Peço aos presbíteros entre vocês que pastoreiem o rebanho de Deus que está aos seus cuidados. Olhem por ele não por obrigação, mas de livre vontade, como Deus quer. Não façam isso por ganância, mas com o desejo de servir. Não ajam como dominadores dos que foram confiados a vocês, mas como exemplos para o rebanho.*
> 1 Pedro 5:1-3

Um amigo meu começou a trabalhar em um ministério em expansão e recebeu uma descrição de trabalho bastante clara.

Sua lista de deveres terminava com este item: "Tudo o mais que lhe pedirmos para fazer" e ele sempre brincava dizendo que ela só precisava deste ponto. Seu chefe havia insistido nessa linha final devido a tendência dos trabalhadores de adotar uma "mentalidade sindical". Ele não tinha interesse em ouvir a conhecida frase: "Esse não é o meu trabalho". Esse pastor queria alguém habilidoso e disposto a assumir a responsabilidade pelo trabalho, fosse ele qual fosse.

Embora seja verdade que precisamos de limites em nossa vida profissional, muitas vezes nos deparamos com tarefas espirituais que parecem insustentáveis. Cuidar de um cônjuge ou pai com doença crônica ou criar um filho com deficiência pode ter um impacto indescritível sobre nós, mesmo quando há apoio para isso. Uma pessoa que se formou no seminário me disse: "Pensei que estava sendo treinado para pastorear uma congregação, mas essa congregação acabou sendo meus dois pais idosos que nem me reconhecem". Outros estão pastoreando em cenários de grandes crises e desastres onde, novamente, o luxo de decidir o que fazer é determinado para eles. Você apenas se apresenta com sua habilidade e vontade.

Quando ouvi os donos de rebanhos dizerem que precisavam de alguém disposto a trabalhar duro, a fazer tudo o que fosse necessário, senti Deus falando. Liderança pastoral é fazer o que precisa ser feito, forçar o que está travado e ajudar quando a posição de alguém não pode ser preenchida. Você cobre os pontos fracos, adapta-se às circunstâncias. Na economia divina somos filhos, administradores, servos e pastores. Logo, a questão é: Estamos dispostos a aprender e a trabalhar duro?

NOTAS

1 BECK, Lois. "Herd Owners and Hired Shepherds: The Qashqa'i of Iran" (Proprietários de rebanhos e pastores contratados: Os Qashqa'i do Irã). *Ethnology* 19, n. 3, 1980, p. 337.

2 TAPPER, Richard. *Pasture and Politics: Economics, Conflict, and Ritual among Shahsevan Nomads of Northwestern Iran* (Pastagem e política: Economia, conflito e ritual entre os nômades Shahsevan do noroeste do Irã). Londres: Academic, 1979, p. 101.

3 Beck, "Herd Owners and Hired Shepherds" (Proprietários de rebanhos e pastores contratados), p. 331.

4 LANIAK, Timothy S. *Shepherds after My Own Heart: Pastoral Traditions and Leadership in the Bible* (Pastores segundo o meu próprio coração: Tradições pastorais e liderança na Bíblia). New Studies in Biblical Theology 20. Downers Grove, IL: InterVarsity Press, 2006, p. 248.

5 Um dos requisitos de caráter para os presbíteros é estar "livre do amor ao dinheiro" (1 Timóteo 3:3).

Embora, como apóstolos de Cristo, pudéssemos ter sido um peso, fomos bondosos quando estávamos entre vocês.

1 Tessalonicenses 2:7

Dia 37

AUTORIDADE E ABUSO

Certa vez, um guia turístico de Israel estava descrevendo a forma distinta de liderança exibida pelos pastores no Oriente Médio: com apenas um simples chamado ou assobio, seus obedientes rebanhos vão atrás deles. No entanto, a maioria das pessoas no ônibus estava assistindo a uma cena muito diferente na encosta próxima e, com isso, divertia-se disfarçadamente. Um homem estava perseguindo um pequeno rebanho de ovelhas e cabras pela retaguarda, gritando com elas e jogando pedras nelas. O guia ficou tão perturbado que parou o ônibus e disse ao homem que seu comportamento não era adequado como pastor, e que ele havia transformado sua palestra em uma piada. O homem, perplexo, explicou que não era um pastor.

Ele era um açougueiro![1]

Contar essa história perpetua a noção de que todos os pastores são bondosos e lideram com palavras gentis. No entanto, infelizmente, já vi muitos pastores nas mesmas regiões gritando e jogando pedras em seus animais, batendo em suas ovelhas com varas e conduzindo seus rebanhos aterrorizados pela retaguarda.

Isso acontece porque nem todos os pastores de ovelhas são realmente bons.

Os pastores podem ser impacientes com o comportamento de seus rebanhos, com o clima e opções de pastagem. Eles podem se sentir sobrecarregados e explorados. Talvez tenham recebido alguns animais doentes que infectam o rebanho. Talvez eles próprios estejam doentes. Muitos se sentem presos por circunstâncias econômicas ou políticas fora de seu controle. Alguns não têm o temperamento necessário para liderar da melhor maneira. Por qualquer motivo, eles escolhem o atalho para uma resposta mais rápida. Assim, eles gritam, jogam pedras e batem em seus animais com uma vara.

É fácil se tornar um pastor abusivo. Quando você sai das áreas populosas, ninguém está o observando. As ovelhas são totalmente indefesas e lamentavelmente dependentes, elas não são conhecidas por sua inteligência, e a visão delas é limitada a 9 metros. Na maioria das vezes, elas seguem as pessoas ao seu redor sem saber o destino, se perdem, ficam presas e, ocasionalmente, é possível encontrá-las "largadas", deitadas de costas, incapazes de se levantar. Como acontece em tantas situações difíceis, o fato de ficarem de pernas para ar pode levar à morte em poucas horas. Essa carência pode levar o cuidador ao cinismo. Por vezes, os pastores se enfurecem. Eles podem chutar uma ovelha para voltar ao caminho, ser um pouco rudes com a que está se debatendo com algo em suas costas ou bater na cabeça de um animal agressivo com uma vara. Isso acontece no campo, onde você pode esquecer que está trabalhando para outra pessoa.

No entanto, se você maltratar um rebanho por muito tempo, chegará o dia do ajuste de contas. Quando as ovelhas são negligenciadas, elas não comem nem se alimentam bem. Se ficarem assustadas, se dispersarão, às vezes, para além do alcance do pastor. Os proprietários de rebanhos não precisam de muito tempo para reconhecer os efeitos negativos de uma mão de obra abusiva sobre seus rebanhos.

Por mais que minha geração procure minimizar as distinções hierárquicas, a Bíblia promove o uso adequado da autoridade do começo ao fim. Por exemplo, Deus disse a Davi: "Eu o tirei das pastagens, onde você cuidava dos rebanhos, para governar sobre Israel, o meu povo" (2 Samuel 7:8). Os líderes, tanto no Antigo quanto no Novo Testamento, foram "encarregados" ou receberam autoridade para governar (veja Atos 6:3; 1 Timóteo 5:17). Paulo dava ordens aos seus liderados e esperava que os líderes da igreja dessem ordens aos que estavam sob a responsabilidade deles[2]. Ele instruiu pais e mestres a exercerem autoridade sobre filhos e servos (veja Efésios 6:1-9).

Porém, o poder facilmente corrompe. Já vimos essa dinâmica no adultério de Davi com Bate-Seba.

Infelizmente, o adultério não foi o fim dos abusos de poder na linhagem davídica. Ezequiel 34 apresenta um quadro pungente de líderes abusivos entre os sucessores reais de Davi, alguns séculos depois. Por meio do profeta, Deus atribui a condição do "rebanho" de Israel aos seus "pastores", ou seja, seus governantes. Depois de detalhar as evidências de que eles "não [tomavam] conta do rebanho" (v. 3), o foco se volta para o abuso de poder ao afirmar que eles dominavam "sobre elas com dureza e brutalidade" (v. 4).

Uma pequena pesquisa revela uma associação repulsiva nesse versículo. A palavra hebraica traduzida como "com violência" só é encontrada no Antigo Testamento com referência às condições de escravidão que os israelitas haviam experimentado no Egito[3]. O Senhor estava dizendo: "Que vergonha sobre os pastores por se comportarem como os antigos escravagistas de Israel!".

Jesus encontrou o povo de Deus em uma situação semelhante em Seus dias. Sua compaixão irradiava ao ver as multidões, "porque estavam aflitas e desamparadas, como ovelhas sem pastor" (Mateus 9:36). O Senhor ficou indignado pelas mesmas razões expressas em Ezequiel: abuso de poder e falta de consideração. A palavra "desamparar" é extraída de um verbo grego normalmente traduzido como "lançar" e, às vezes, como "abatido". Talvez Jesus tivesse em mente a condição particularmente desamparada das ovelhas que estavam abatidas. Como o bom Pastor, Ele via as pessoas com compaixão e entendia que Seu poder e autoridade deveriam ser usados para o benefício delas. A perspectiva de Paulo era semelhante, pois o apóstolo afirma que Deus concede autoridade aos líderes "para a edificação, não para a destruição" (2 Coríntios 10:8) do Seu povo. A palavra que ele usa para referir-se à destruição significa literalmente "derrotar". A inclinação bíblica dos mediadores do poder não é derrotar as pessoas, mas sim municiá-las.

Infelizmente, o termo "pastoreio" tem sido usado, em alguns círculos religiosos, para justificar grupos de prestação de contas altamente controlados por regras autoritárias. Lembro-me de ter ajudado, em espírito de oração, a desvincular uma pessoa totalmente envolvida em uma seita abusiva. Eles apontavam o destino eterno dela sempre que ela não compartilhava todos os seus pensamentos e posses com a liderança.

A liderança bíblica usa a autoridade formal (baseada na função) e a influência informal (baseada no relacionamento) para servir com responsabilidade. Tomamos decisões, definimos a direção e, às vezes, determinamos o destino das pessoas que lideramos. A questão crítica é: De que forma usamos esse incrível poder? Nós intimidamos, puxamos a fila e aterrorizamos? Levamos um estilo autoritário e humilhante para o trabalho, usando nossa posição para inflar o próprio ego, ou servimos, apoiamos, incentivamos e capacitamos outros?

Examinemos cuidadosamente as formas específicas de abuso que podem ocorrer em nosso ambiente de trabalho: Discriminação com base em gênero, raça, deficiência ou visões diferentes, assédio sexual, sarcasmo, falta de relatórios e balancetes (e ser insultado quando estes são solicitados), formas humilhantes ou incrivelmente incômodas de deferência ou "lealdade", aquisição de privilégios financeiros e uso de fóruns públicos para promover agendas pessoais ou vinganças. Nas palavras de Pedro, somos bons pastores quando servimos de boa vontade, com entusiasmo, e não como dominadores dos que nos foram confiados (veja 1 Pedro 5:3). **Liderança não é senhorio!**

Aprofundemo-nos em nossa vida familiar. Talvez tenhamos aprendido a conceder poder e autonomia a outras pessoas em um ministério ou ambiente de trabalho, mas ainda recorremos a impulsos autoritários com nossos filhos. Eu já fiz isso e esse tipo de comportamento pode ser mantido longe da vista do público por um tempo, mas os sintomas se tornam eventualmente visíveis aos outros. E nosso Proprietário obviamente sabe exatamente o que acontece nesses relacionamentos particulares. Não é por acaso que um dos pré-requisitos para a liderança da igreja seja a administração bem-sucedida da própria família (veja 1 Timóteo 3:4-5). Assim como os bons pastores da Palestina, quero liderar por meio de palavras e exemplos, não preciso jogar pedras.

NOTAS

1 ANDERSON, Lynn. *They Smell Like Sheep: Spiritual Leadership for the 21st Century* (Eles cheiram a ovelha: Liderança espiritual para o século 21). Brentwood, TN: Howard Books, 1997, p. 29-30.

2 2 Tessalonicenses 3:4,12; 1 Timóteo 1:3; 4:11; 6:17; veja também Hebreus 13:17.

3 A palavra *perek* é usada em outros lugares somente em Êxodo 1:13-14 e em proibições contra a escravidão na liberta comunidade de Deus (veja Levítico 25:43,46,53).

Vocês nem sabem o que acontecerá amanhã!
Tiago 4:14

Dia 38

ADAPTABILIDADE E TOMADA DE DECISÕES

Começamos nossa jornada considerando o ambiente excepcionalmente desafiador em que ocorre o pastoreio no Oriente Médio. Áreas desertas com chuvas imprevisíveis, predadores ameaçadores e terrenos acidentados criam grandes obstáculos para um rebanho faminto e sedento que se move lentamente, vagueia bastante e não tem defesas naturais. Além dos fatores ambientais, uma série de variáveis econômicas, políticas e sociais complicam a existência de muitos pastores de ovelhas. Eles precisam renegociar suas posições constantemente à medida que ganham a vida em meio a areia e as estações imprevisíveis neste mundo de constante mudança. A adaptabilidade ao território faz parte, tanto literal quanto figurativamente.

A natureza selvagem tem sido historicamente uma forja para traços de caráter específicos. Em um ambiente em que "não se pode depender de nada ano após ano" e a variabilidade e imprevisibilidade definem as realidades geográficas e bioclimáticas, o oportunismo e a adaptabilidade tornam-se essenciais para a sobrevivência e uso bem-sucedido da terra[1]. O deserto torna-se uma incubadora de inovações, conforme observa um ecologista: "Em resumo, o pastor deve cuidar para que as oportunidades oferecidas pela natureza não sejam perdidas"[2].

Os beduínos parecem viver em um estado de constante triagem, ponderando continuamente sobre os benefícios e os riscos de decisões que, muitas vezes, afetam drasticamente sua subsistência. Um observador descreve 60 categorias de decisões inter-relacionadas que os pastores de ovelhas tomam ao longo do ano e que são afetadas por circunstâncias que fogem ao controle humano. Entre elas estão as decisões sobre a formação e dissolução do acampamento, migração (coleta de informações, destino, direção, horário, distância diária), gerenciamento do rebanho (pastagem, água, ordenha, cuidados com os mais novos e os doentes, contabilidade, contratação de ajuda para a tosquia) e do acampamento (pessoas, tarefas, disputas), interações com o mercado (coleta de informações, tosquia, vendas de ovelhas e lã, para quem, quando, a que preço) e relações exteriores (interações com o governo e as populações estabelecidas), para citar apenas algumas[3]! Nas palavras do antropólogo beduíno Aref Abu-Rabia: "O sistema de tomada de decisões para atender às necessidades do rebanho é uma obra de arte que se estende por todo o ano"[4].

Fiquei bastante impressionado com a agilidade confiante dos beduínos: a mudança ágil de uma função para outra, a resposta sinérgica a mudanças rápidas e a disposição para se mudar com menos de um dia de antecedência. A existência fluente desses pastores reflete seu senso fundamental de apego aos rebanhos e não a um lar geograficamente específico.

Esse atributo molda a visão que eles têm de tempo e lugar, uma perspectiva compartilhada pelos pastores Sarakatsani no sul dos Bálcãs.

Para os Sarakatsani, o tempo não é um meio homogêneo, cujas unidades podem ser salvas ou perdidas. Em um aspecto, é uma sucessão de atividades relacionadas direta ou indiretamente com os rebanhos e determinadas pelos ritmos ecológicos das diferentes estações e mudanças nas condições de temperatura, grama e água. [...] O tempo, portanto, não é uma escala que marca um progresso linear ou um meio de dividir a vida em porções de trabalho e lazer, mas sim uma constante de atividades dentro da família e a serviço do rebanho.[5]

A adaptabilidade se torna um modo de vida quando o pastoreio é um modo de vida.[6]

Passei a apreciar o quanto Deus é adaptável e conveniente nas Escrituras. Seu plano para os seres humanos foi "interrompido" pelo pecado humano no jardim do Éden, mas Ele rapidamente colocou em prática um plano de contingência preconcebido. Depois, quando o pecado se tornou intolerável, Ele fez outra revisão, extirpando os habitantes da Terra e recomeçando com a família de Noé. O Senhor do Universo aparece trabalhando em modo de triagem, história após história, e reagindo de forma criativa às ameaças ao Seu plano.

Por volta de 1100 a.C., a realeza era uma concessão a uma confederação tribal obcecada pelo desejo de uma liderança convencional. O profeta Samuel sabia que o pedido denunciava a incredulidade dos israelitas na liderança divina. No entanto, Deus mostrou Sua capacidade de conceder a eles o que queriam e, ao mesmo tempo, criar uma instituição que lhes traria o Messias. Essa reação é mais do que uma aquiescência passiva, é uma prova que Deus usa soberanamente as circunstâncias a Seu favor!

As histórias de peregrinação pelo deserto fornecem exemplos vívidos da flexibilidade do Pastor divino. A adaptação mais significativa naquele ambiente resultou da incredulidade rebelde. As Escrituras registram o relatório de reconhecimento que 12 espiões israelitas fizeram após passar 40 dias na Terra Prometida, lá eles descrevem de forma realista as oportunidades e ameaças: "Entramos na terra à qual tu nos enviaste, onde fluem leite e mel! [...] Contudo, o povo que lá vive é poderoso, e as cidades são fortificadas e muito grandes" (Números 13:27-28). Dois espiões persistiram corajosamente na promessa de Deus, mas toda a comunidade se amotinou no dia seguinte e afirmou: "Escolheremos um líder e voltaremos para o Egito!" (14:4).

A primeira resposta divina a esse desastre foi sugerir recriar a nação com Moisés e os poucos fiéis remanescentes (veja Números 14:12). Em uma decisão reavaliada, Deus optou por deixar o povo viver, embora tenha impedido aquela geração de entrar na Terra Prometida. Eles esperariam 40 anos no deserto, um ano para cada dia de exploração dos espiões: "Os seus filhos serão pastores no deserto durante quarenta anos, sofrendo pela infidelidade de vocês, até que o último cadáver de vocês seja destruído no deserto" (v.33). A próxima geração teria a chance de retomar o desafio onde seus pais falharam.

O itinerário original para o Sinai e para as fronteiras de Canaã exigia apenas alguns meses, mas a dúvida os paralisou no deserto. Deus adaptou Seu plano à condição de Seu rebanho e agora eles estavam enfrentando uma permanência de quatro décadas lá. No entanto, durante esse tempo, o Senhor se mostrou fiel e permaneceu com eles, modificando Sua agenda e dando sentido a um período de espera (veja Deuteronômio 8:1-5). Deus voluntariamente vinculou Sua identidade à deles (veja Números 14:13-19).

Embora a graciosa flexibilidade de Deus diante das mudanças de circunstâncias seja proeminente nessa passagem, Ele ainda é quem incontestavelmente toma as decisões. Um grupo de israelitas mudou de ideia e decidiu ir para a terra agora proibida. Em sua presunção, deixaram a presença de seu Pastor e enfrentaram uma inevitável derrota (vv.39-45), pois Deus já havia adaptado Seus planos e eles precisavam se alinhar com o Seu revisado cronograma.

Em *The Hidden World of the Pastor* (O mundo oculto do pastor), Ken Swetland descreve um pastor de igreja que enfrentou um caso de estupro, um suicídio e um funeral, tudo em uma semana... sua primeira semana de ministério pastoral[7]. Muitos de nós balançamos tristemente a cabeça, entendendo que a imprevisibilidade e a interrupção fazem parte do território. Independentemente da forma de liderança em que estamos, lidamos com o inesperado e ajustamos nossos planos aos acontecimentos. O desafio é fazer as alterações sem perder o panorama geral de vista. Queremos ser como o Pastor de Israel, que alterou Seus planos de curto prazo, mas manteve Seu objetivo geral. A providência bíblica aceita a mudança e a surpresa como inevitáveis, mas não pode ser subjugada por elas.

Precisamos de uma teologia de interrupções e de obstruções. Muitas vezes tentamos resolvê-las o mais rápido possível e seguir com nossa agenda, sem levar em conta suas dimensões potencialmente redentoras. As interrupções podem ser convites. Anteriormente mencionei o pedido de Israel por uma monarquia. Considere como essa instituição foi fundamental para a vinda do Ungido, o Filho de Davi. Deus enfrentou o desafio, cooptou a mudança e revelou um plano de contingência que concretizou Seus propósitos a longo prazo. Pergunto-me quantas vezes nós, assim como Samuel, não conseguimos superar o obstáculo que ameaça o plano A. Ele estava certo sobre o ideal divino, mas não teve a agilidade de reconhecer o valor do plano B. O profeta teve uma falha de imaginação.

Em funções de liderança, frequentemente me vejo com um senso tão forte do que precisa ser feito, da direção que devemos tomar e do momento em que precisamos agir que não consigo apreciar caminhos alternativos. Às vezes, simplesmente não estou disposto a esperar 40 anos! Não quero perder meu forte senso de propósito, mas ter a flexibilidade, agilidade, adaptabilidade e conveniência que encontrei entre os bons pastores de ovelhas, especialmente no nosso bom Pastor.

NOTAS

1 LANCASTER, William; LANCASTER, Fidelity. *Limitations on Sheep and Goat Herding in the Eastern Badia of Jordan: An EthnoArchaeological Enquiry* (Limitações ao pastoreio de ovelhas e cabras no leste de Badia, na Jordânia: uma investigação etno-arqueológica), Levant 28, 1991, p. 128.

2 BEHNKE, Roy H. *The Herders of Cyrenaica: Ecology, Economy, and Kinship among the Bedouin of Eastern Libya* (Os pastores da Cirenaica: Ecologia, economia e parentesco entre os beduínos do leste da Líbia). Urbana: University of Illinois Press, 1980, p. 36.

3 AGRAWAL, Arun. *Greener Pastures: Politics, Markets, and Community among a Migrant Pastoral People* (Pastos mais verdes: Política, mercados e comunidade em um povo pastoral migrante). Durham, NC: Duke University, 1999, p. 133-36.

4 ABU-RABIA, Aref. *The Negev Bedouin and Livestock Rearing: Social, Economic and Political Aspects* (Os beduínos do Negev e a criação de gado: Aspectos sociais, econômicos e políticos). Oxford: Berg, 1994, p. 3.

5 CAMPBELL, John Kennedy. *Honour, Family, and Patronage: A Study of Institutions and Moral Values in a Greek Mountain Community* (Honra, família e patronagem: Um estudo de instituições e valores morais em uma comunidade grega nas montanhas). Oxford: Clarendon, 1964, p. 34.

6 Como resume Campbell: "O pastoreio tem valor intrínseco; é um modo de vida, não apenas uma forma de permanecer vivo". CAMPBELL, *Honour, Family, and Patronage* (Honra, família e patronagem), p. 34.

7 SWETLAND, Kenneth L. *The Hidden World of the Pastor: Case Studies on Personal Issues of Real Pastors* (O mundo oculto do pastor: Estudos de caso sobre questões pessoais de pastores reais). Grand Rapids: Baker, 1995, p. 24.

E eu estarei sempre com vocês, até o fim dos tempos.
Mateus 28:20

Dia 39

ESTAR PRESENTE

"O Oriente Médio não é o Meio-Oeste[1]." Dizemos isso aos grupos americanos que visitam Israel para prepará-los para a dinâmica política única da região. No entanto, a afirmação também é verdadeira quando se trata da prática de pastoreio. Os proprietários de rebanhos de todo o mundo certamente compartilham tarefas semelhantes: alimentar, dar água, observar doenças, ordenhar, tosquiar e assim por diante. Mas uma diferença é notável. No Meio-Oeste americano, o pastoreio se assemelha à pecuária: as ovelhas são deixadas para pastar em campos vastos e cercados. No Oriente Médio você nunca encontrará pastos cercados e, consequentemente, nunca encontrará um rebanho pastando sem um pastor.

Como observamos em nossa jornada, sem um pastor as ovelhas se dispersam. Elas correm quando sentem perigo, sua única esperança de proteção vem da presença dele. Um rebanho ao ar livre, em uma noite deserta, fica desamparado a menos que o pastor esteja ali. O jumento pode servir como um substituto de emergência somente porque é equiparado ao pastor de ovelha.

O vínculo que resulta do cuidado ininterrupto é notável. As ovelhas seguirão o pastor que as provê, protege e guia pessoalmente. Essa história interpessoal de contato frequente, duradouro e íntimo garante a obediência do rebanho, mesmo em momentos de grande aflição. Um ciclo de serviço do pastor e confiança do rebanho se repete e é reforçado ao longo das estações.

A garantia da presença pessoal de Deus no salmo do Pastor corre como um fio dourado por toda a Bíblia. Deus pediu a Abraão que renunciasse o seu domicílio fixo, a sua herança e identidade familiar, com nada mais do que promessas para sustentar sua fé. A bênção incomparável sobre a vida desse patriarca e seus descendentes encontra-se nesta promessa: "eu estarei com você" (Gênesis 26:3), dita a seu filho, Isaque; e também repetida ao seu neto Jacó (veja 31:3). Séculos mais tarde, enquanto os descendentes de Abraão definhavam na escravidão egípcia, eles questionaram a credibilidade dessa promessa. Contudo, Deus levantou um pastor para tirá-los da escravidão, Moisés. A promessa do Senhor a ele foi a mesma: "Certamente estarei com você" (Êxodo 3:12).

Durante 40 anos, Deus esteve presente com o Seu povo com um fenômeno físico de nuvem e fogo. O Pastor divino de Israel nunca os abandonou no deserto, embora Moisés temeu, em certo momento, ter sido deixado sozinho para liderar o povo: "Tu me ordenaste: 'Conduza este povo', mas não me permites saber quem enviarás comigo" (33:12). E o Senhor, sempre paciente e presente, respondeu: "Eu mesmo o acompanharei e lhe darei descanso" (v.14). Isso tranquilizou Moisés, que colocou a presença divina como uma condição à caminhada: "Se não fores conosco, não nos faças sair daqui" (v.15).

Deus lembrou a Davi de Sua presença sustentadora e fortalecedora depois que ele se estabeleceu em seu cargo como rei de Israel: "Eu o tirei das pastagens, onde você cuidava dos rebanhos, para governar sobre Israel, o meu povo. Sempre estive com você por onde você andou e eliminei todos os inimigos do seu caminho. Eu o farei agora tão famoso quanto os homens mais importantes da terra" (2 Samuel 7:8-9).

A promessa da presença de Deus se materializou no divino Filho de Davi, Jesus Cristo. Um de seus títulos messiânicos, "Emanuel" (Isaías 7:14), "que significa 'Deus conosco'" (Mateus 1:23). Jesus deu ao mundo acesso irrestrito à santa presença de Deus. O evangelho de João diz, literalmente, que "Aquele que é a Palavra tornou-se carne e viveu entre nós" (1:14). Jesus é identificado aqui com o Pastor divino, que havia se alojado com Israel e os guiou de maneira tão espetacular e pessoal (veja 2 Samuel 7:6).

Ao se preparar para deixar os discípulos, o Messias reafirmou a promessa fundamental: "Eu pedirei ao Pai, e ele lhes dará outro Auxiliador, o Espírito da verdade, para ficar com vocês para sempre" (João 14:16 NTLH). Esse Auxiliador é o Espírito de Deus, a evidência sempre presente da presença do Senhor. Após Sua ressureição, na grande comissão (veja Mateus 28:19-20), Jesus enviou Seus seguidores para discipular as nações, tornando esta promessa permanente: "eu estarei sempre com vocês, até o fim dos tempos" (v.20).

Quando ouvi, pela primeira vez, um consultor usar a sigla LBWA, *Leadership By Walking Around*[2] (Liderar andando por perto), não o levei a sério, pois não me parecia algo efetivo. Entretanto, liderar por meio da presença pessoal ou por "andar por perto"[3] é um elemento reconhecido de liderança eficaz nos negócios e na educação. O contato regular e informal com as pessoas que trabalham para você gera boas tomadas de decisão e aumenta a produtividade. Essa exposição não é uma proximidade passiva, mas uma escuta atenta e responsiva, um envolvimento de todos os sentidos para descobrir o que realmente importa na vida de sua equipe. A LBWA reconhece que os líderes não podem entender seus colaboradores a menos que passem tempo suficiente e de qualidade com eles. Podemos chamar esse princípio simplesmente de "liderança presente".

Esse princípio está de acordo com as passagens bíblicas que investigamos e reafirma particularmente o que Jesus fez de forma tão eficaz com Seus discípulos. Tudo que Ele fez para treiná-los foi baseado em Sua presença confiável e atenta entre eles.

Esse princípio é igualmente verdadeiro para um pai, um pastor, um gerente ou um mentor.

Vi um exemplo maravilhoso de liderança presente na escola que nossos filhos frequentavam. O diretor da instituição, conhecido como Sr. T., desenvolveu, desde que assumiu o cargo, o hábito de cumprimentar os alunos todos os dias quando eles saíam dos carros. Aparentemente, essa era sua prática mesmo quando ele comandava uma escola com 5.000 alunos! A presença sorridente do Sr. T. transmitia boas-vindas, aceitação e interesse. Ele retornava ligações e cartas pessoalmente, sua porta estava sempre aberta para alunos, funcionários e pais, independentemente do problema. Em um determinado dia, você poderia vê-lo andando pelos corredores e usando seus sentidos para discernir todos os elementos que compõem a atmosfera de uma escola.

Para fazer da presença uma prioridade, o Sr. T. teve de fazer alguns ajustes significativos em sua agenda. Geralmente ele chegava na escola às 5h30 da manhã para cuidar de tarefas administrativas importantes e ficava até tarde em muitas noites.

Esse diretor fazia uma escolha de liderança por estar disponível todos os dias. Certamente, você confia em uma pessoa assim, mesmo que alguns projetos não sejam concluídos e alguns objetivos não sejam alcançados. As pessoas se sentem valorizadas quando recebem tempo e atenção pessoal.

Gostaria de encerrar essas reflexões com a promessa que Jesus fez de estar conosco para sempre. Essa asseveração foi feita a um grupo que levaria Sua mensagem por todo o mundo, uma tarefa imensa que poderia ser realizada somente com a promessa de Sua presença pessoal junto a eles. Paulo entendeu que Deus era um "colaborador" no evangelho (veja 1 Tessalonicenses 3:2). Quando nos colocamos a serviço do Senhor, Ele fica ao nosso lado, "andando por perto".

Não há cercas.

A poderosa atração da presença pessoal e o Espírito do bom Pastor nos conduz com a sólida garantia de que Ele sempre nos guiará.

NOTAS

1 Meio-Oeste ou Centro-Oeste americano, região em que se concentra grande diversidade e atividade agrícola dos Estados Unidos.

2 "Liderar andando por perto" propõe que os gestores separem alguns momentos diários para dar um "passeio" intencional pelos espaços de trabalho — escritório, depósitos, centro de dados ou chão de fábrica etc. — com o objetivo expresso de interagir com as pessoas em todas as posições da empresa e conhecê-las mais de perto, demonstrando interesse genuíno por elas, e não apenas pelo que produzem. Para isso, o LBWA defende três elementos-chaves: apreciação, reconhecimento e encorajamento.

3 PETERS Thomas J.; WATERMAN JR., Robert H. *In Search of Excellence: Lessons from America's Best-Run Companies* (Em busca da excelência: Lições das empresas mais bem administradas dos Estados Unidos). Nova York: Harper & Row, 1982.

E habitarei na casa do Senhor *para sempre.*
Salmo 23:6

Dia 40

LAR

Em um dia claro de inverno, nossa família foi de camelo até um remoto acampamento beduíno em Wadi Rum, no sul da Jordânia. Embora minha filha tenha sido lançada de sua montaria rabugenta no início do dia, todos chegamos em segurança ao anoitecer, prontos para uma refeição rústica que fervia sobre a lenha incandescente. Tiramos os sapatos e cruzamos o limiar da espessa manta que garantia nossa segurança e provisão na tenda de nosso anfitrião. Infelizmente, à medida que as brasas da fogueira se apagavam, o mesmo acontecia com as estrelas, normalmente deslumbrantes. Um princípio de tempestade que se movia rapidamente havia chegado ao vale. Ventos fortes começaram a sacudir as tendas enquanto a neve girava ao nosso redor. Preocupados com nossa segurança caso a barraca desabasse, nossos anfitriões chamaram um Land Rover pelo rádio para executar uma saída rápida do deserto. Embora nossa aventura tenha sido abortada, uma verdade básica sobre a habitação em tendas tornou-se óbvia para mim.

O *lar* dos beduínos é uma tenda sobre postes, presa apenas por cordas e um punhado de estacas. Em geral, a tenda é feita por seis a oito painéis de tecido de pelo de cabra costurados juntos. A fibra natural é quente e à prova d'água. Ela pode ser facilmente enrolada para pegar uma brisa ou fixada em uma estaca para impedir a entrada de areia e sol. Com remendos frequentes, uma tenda pode durar de 15 a 20 anos. Os moradores mais ricos do deserto têm tendas grandes que podem servir aos hóspedes e, se necessário, aos animais debilitados. Ter uma tenda grande é sinal de prosperidade (veja Isaías 54:2). Os beduínos listam "uma tenda ampla" como o número um entre os bens mais valiosos da vida[1].

Embora essas "casas de pelos" com seus "pilares" sejam fundamentais para a vida dos beduínos e sua lendária hospitalidade, a tenda é uma estrutura simples e frágil. As mantas penduradas criam cômodos; os travesseiros formam a mobília. As casas dos pastores refletem sua existência transitória, vulnerável e efêmera; sua vida é "um mastro de tenda em um camelo"[2]. Suas moradias de tecido podem ser enroladas e carregadas em camelos ou caminhões em poucas horas, e podem desmoronar instantaneamente em uma tempestade.

Os arqueólogos encontram poucas evidências materiais da vida pastoril da antiguidade, pois a maioria desapareceu com o vento. Os vestígios mais significativos de grupos transitórios de pessoas são seus relacionamentos e as histórias que garantem suas identidades.

Quando leio o Novo Testamento, fico impressionado com a quantidade de vezes que Abraão é mencionado. Acabei entendendo uma das razões para isso. Como muitos pastores de ovelhas na atualidade, Abraão era um habitante de tendas. Essa realidade cultural combinava com sua identidade espiritual: "Pela fé, peregrinou na terra prometida como se estivesse em terra estranha; viveu em tendas, bem como Isaque e Jacó, coerdeiros da mesma promessa" (Hebreus 11:9). Abraão era um residente temporário que peregrinava neste mundo. Como os beduínos hoje, sua mobilidade era "irredutivelmente [...] constitutiva de [sua] identidade"[3].

O estilo de vida transitório de Abraão se tornaria um elemento essencial da identidade de Israel quando eles se estabelecessem na Terra Prometida. Aqueles que contribuíram com uma oferta de primícias fizeram uma confissão que os alinhava com seu antepassado cheio de fé. Começaram com as palavras: "O meu pai era um arameu errante" (Deuteronômio 26:5). A palavra hebraica para "errante" sugere que ele era uma espécie de fugitivo neste mundo.

A Bíblia também descreve Deus como um habitante de tendas. Uma das festas que relembrava a peregrinação de Israel era o *Sukkot*, a Festa das Cabanas ou Tabernáculos (veja Levítico 23:34,42-43). No sétimo mês de cada ano, todas as famílias deveriam deixar suas casas de pedra e acampar em tendas por uma semana. O *Sukkot* era um ritual regular que lembrava a provisão de Deus no deserto, quando Ele acampou com eles. Isso reativava a identidade deles como um povo peregrino[4].

De fato, Deus era um *satisfeito* morador de tendas. Quando Davi expressou seu desejo de construir um templo permanente e condizente com a honra de seu Senhor, a resposta que recebeu de Deus foi surpreendente: "Nunca morei em nenhuma casa desde o dia em que tirei os israelitas do Egito até hoje, mas tenho ido de uma tenda para outra, de um tabernáculo para outro" (2 Samuel 7:6). Nessa passagem, Davi foi informado de que Deus nunca havia pedido uma "casa de cedro" (v.7).

Em um momento em que o rei Davi estava pronto para desfrutar da segurança de uma vida estável, Deus inseriu um lembrete de que a permanência estacionária não era o ideal divino. Essa importante lição era também para a comunidade que, posteriormente, perderia o Templo que consagraria, apenas para descobrir que Deus poderia habitar entre eles novamente no deserto do exílio.

Quando Jesus, o Messias, veio, Ele literalmente "habitou" (João 1:14 NAA) entre Seu povo. A um discípulo em potencial, Jesus advertiu: "As raposas têm tocas e as aves do céu têm ninhos, mas o Filho do homem não tem onde reclinar a cabeça" (Mateus 8:20). Seu verdadeiro lar era o Céu, e Ele nunca o perdeu de vista. Paulo, um fabricante de tendas sírio, refletiu a mesma visão transitória de seu corpo quando disse: "Sabemos que, quando nosso corpo terreno, esta tenda em que vivemos, se desfizer, teremos um corpo eterno, uma casa no céu feita para nós pelo próprio Deus, e não por mãos humanas" (2 Coríntios 5:1 NVT). Pedro também assinala a transitoriedade da vida aqui (veja 2 Pedro 1:13-14).

Hebreus 11 apresenta uma série de santos bíblicos que não receberam as promessas que lhes foram asseguradas enquanto viveram aqui. Eles eram moradores de tendas espirituais. O principal exemplo é Abraão, mas outros também reconheceram "que eram estrangeiros e peregrinos na terra" (v.13). Muitos "Andaram errantes, vestidos de pele de ovelhas e de cabras, necessitados, afligidos e maltratados. O mundo não era digno deles. Vagaram pelos desertos e montes, pelas cavernas e grutas da terra" (vv.37-38).

Que pensamento profundo: *O mundo não é digno daqueles que não o consideram seu lar.* Como Abraão, seu pai espiritual, esses fiéis peregrinos esperavam ansiosamente por um lar verdadeiramente permanente, "a cidade que tem alicerces, cujo arquiteto e construtor é Deus" (Hebreus 11:10).

Em sua visão do Céu, João ouve uma voz alta clamando: "Vejam, o tabernáculo de Deus está no meio de seu povo! Deus habitará com eles, e eles serão seu povo. O próprio Deus estará com eles" (Apocalipse 21:3 NVT). A cidade celestial, ironicamente, é a tenda do Pastor divino.

A identidade de residente temporário precisa estar gravada em nossa mente enquanto líderes. Precisamos saber que nosso verdadeiro lar está no Céu e que esta Terra é simplesmente um lugar onde promovemos os interesses de Deus. É fácil esquecermos o quão transitórios e efêmeros são a nossa vida e ministérios enquanto construímos prédios e fazemos planos a longo prazo. Será que esquecemos de que somos "como a neblina que aparece por um pouco de tempo e depois se dissipa" (Tiago 4:14)?

Embora buscar objetivos, metas e planos estratégicos para nossas comunidades seja algo necessário, nossa meta primordial é conduzi-las para casa. Falharemos se elas ficarem tão distraídas com os itens aparentemente permanentes de nossa experiência e se esquecerem do que é eterno. Estamos liderando as pessoas com o senso da temporalidade deste mundo e a eternidade do

Céu? Nosso comportamento evidencia que o importante para nós é o porvir com Deus? Será que realmente estamos conduzindo nossos rebanhos intencionalmente às margens da sociedade consolidada, onde os cidadãos deste mundo enraízam sua identidade, levando-os adiante rumo ao seu lar permanente? Lembremo-nos: Estamos a caminho da tenda de Deus, onde habitaremos com Ele para sempre.

NOTAS

1 BAILEY, Clinton. *Bedouin Poetry from Sinai and the Negev: Mirror of a Culture* (Poesia beduína do Sinai e do Negev: Espelho de uma cultura). Oxford: Clarendon, 1991, p. 138.

2 BAILEY, Clinton. *A Culture of Desert Survival: Bedouin Proverbs from Sinai and the Negev* (Uma cultura de sobrevivência no deserto: provérbios beduínos do Sinai e do Negev). New Haven: Yale University Press, 2004, p. 30.

3 AGRAWAL, Arun. *Greener Pastures: Politics, Markets, and Community among a Migrant Pastoral People* (Pastagens mais verdes: Política, mercados e comunidade em um povo pastoral migrante). Durham, NC: Duke University, 1999, p. 20.

4 Os recabitas (veja Jeremias 35) eram uma comunidade que mantinha um estilo de vida pastoral seminômade, lembrando ao restante dos israelitas de suas raízes.

*Quando se manifestar o Supremo Pastor,
vocês receberão a imperecível coroa da glória.*

1 Pedro 5:4

EPÍLOGO

> O que você fará quando voltar para os Estados Unidos? Você se esquecerá de nós? Quais lembranças terá daqui: dormir no chão, pastorear ovelhas, comer alimentos cozidos em fogueiras, andar de camelo, caminhar com nossos animais?... Depois de partir, o que fará você se lembrar de nós, de nossa vida de viagens constantes? Você disse que escreverá... sobre nossa vida e nossos costumes... De que maneira isso será útil?
>
> —ARUN AGRAWAL, *Greener Pastures*

Do que nos lembraremos sobre os pastores que abriram suas tendas para nós? Será que vamos nos lembrar mais de suas histórias de lobos e anos de seca ou de como encontram água e curam seus doentes? Será que nos esqueceremos de como seu trabalho é árduo e sua existência transitória?

Não podemos compreender totalmente a vida e o trabalho de pessoas de outra cultura, e ainda mais desafiadora e relevante é a tarefa de permitir que as percepções dessa cultura iluminem o que as Escrituras nos ensinam sobre liderança. O verdadeiro trabalho de transformação está diante de nós, nosso diário está apenas começando.

Ao fazermos uma pausa final e considerarmos os dias que passamos juntos, sou lembrado de como o pastoreio é abrangente. Desde o carregamento de lã em caminhões até a busca de animais perdidos em cavernas, da fabricação de produtos lácteos à garantia de apriscos seguros, do parto gentil à disciplina severa. Essa diversidade é igualmente impressionante no mundo dos pastores espirituais: Precisamos ser tão eficazes no leito da enfermidade quanto na sala de reuniões, tão articulados no púlpito quanto na reunião do conselho municipal, tão atentos em uma sessão de aconselhamento quanto em uma caminhada. Precisamos de integridade no escritório e integridade em casa.

Durante minha jornada, fiquei impressionado com as muitas tensões criativas na liderança dos pastores de ovelhas. Enquanto os pastores vigiavam seus rebanhos, os predadores também o faziam. Creio que o nosso Pastor celestial também está nos vigiando, assim como a nossos rebanhos. Nós fomos chamados para o autossacrifício e para o autocuidado; para sermos líderes sábios enquanto seguimos humildemente; para termos determinação com adaptabilidade; para estarmos fisicamente presentes, mas hábeis em delegar; para trabalharmos sozinhos e para trabalharmos em conjunto. Deus está chamando "pastores segundo o Seu coração" para serem modelos para Suas ovelhas, a fim de que elas também venham a se tornar bons pastores.

AGRADECIMENTOS

Este livro é o resultado da generosidade de duas instituições e de inúmeras pessoas. O financiamento para minha pesquisa de campo veio dos curadores do *Gordon-Conwell Theological Seminary* (Seminário Teológico Gordon-Conwell), que me proporcionaram um período sabático em 2003–04. Durante aquele ano, os curadores do *W. F. Albright Institute for Archaeological Research* (Instituto de Pesquisa Arqueológica W. F. Albright) em Jerusalém apoiaram meu trabalho como professor anual deles. Sinto-me profundamente grato aos muitos pastores de ovelhas, em sua maioria beduínos, que me acolheram em suas tendas e abriram a vida deles para mim. Eles me honraram com a confiança de contar suas histórias para o mundo. Meu intérprete Sáte foi um anfitrião generoso durante longos dias de entrevistas, oferecendo-me não apenas seu tempo, mas sua amizade para toda a vida. Que Deus conceda a ele e à sua noiva muitos filhos e grandes rebanhos.

Gostaria de agradecer a uma equipe de especialistas que contribuíram para este livro. Meu amigo de longa data, Dave Ormesher, tirou uma folga de sua empresa em Chicago para compartilhar dessa aventura e ficar por trás de uma câmera. Agradeço a outros prestativos amigos, Todd Bolen (www.bibleplaces.com), Jim Martin e Matt Doll, que também contribuíram gentilmente com fotos. Não tenho palavras suficientes para expressar minha gratidão às editoras Janet Thoma e Tabitha Plueddemann, parteiras que me ajudaram a dar à luz a 40 capítulos, cada um deles com dores de parto. Carl Etzel, Tyler Gordon e Tina e Jeremy Long foram especialmente úteis na concepção do projeto original. Muito obrigado a Trish King e minha mãe, Jane Laniak, pela revisão.

Tenho uma dívida especial com estes três pastores espirituais: Bob Thompson, Jamie Walters e Tamara Park, que leram as primeiras versões do manuscrito, levaram-no a sério e deram um feedback incisivo. Bob e Jamie continuaram trabalhando com o livro depois que o terminei, organizando a discussão que levou aos fóruns *The Tent* (A Tenda), disponível em www.ShepherdLeader.com.

Minha gratidão é ainda mais profunda por minha família. Nossas "crianças", Jesse e Adrienne, foram ótimos viajantes (mesmo em camelos rabugentos) e se juntaram à diversão das entrevistas. Adrienne ainda me lembra que eu precisava que ela interpretasse para mim. Jesse talvez se arrependa de ter recusado a oferta para se tornar um beduíno algum dia. Aaron estava estudando nos Estados Unidos e nunca conseguiu explicar a seus amigos por que seu pai passou um ano entre ovelhas e cabras! Minha incrível esposa Maureen, pastora exemplar, parceira no ministério e companheira de jornada em pastos verdejantes e vales escuros por mais de 40 anos, apoiou esse projeto desde o início, assim como todos os meus esforços. Como diriam meus amigos beduínos: Seu valor é maior do que mil camelos!

SOBRE O AUTOR

Tim Laniak (PhD, Universidade de Harvard) fez sua primeira viagem ao Oriente Médio em 1978 e, desde então, tem apreciado apresentar a história e as culturas do mundo bíblico a estudantes e líderes. Ele e sua esposa Maureen já moraram em Israel e, ocasionalmente, orientam viagens de estudo à região. Este livro contém informações obtidas principalmente em pesquisas de campo feitas durante o ano sabático que lhe foi propiciado pelo *Gordon-Conwell Theological Seminary* (Charlotte, Carolina do Norte), onde Tim atuou como reitor, professor do Antigo Testamento e mentor do Programa de Doutorado em Liderança Cristã. Atualmente, ele é vice-presidente sênior de conteúdo global de Ministérios Pão Diário.

Laniak é autor de vários livros, incluindo *Shepherds after My Own Heart: Pastoral Traditions and Leadership in the Bible* (Pastores segundo o meu próprio coração: Tradições pastorais e liderança na Bíblia); *Shame and Honor in the Book of Esther* (Vergonha e honra no livro de Ester); *New International Biblical Commentary* (Novo comentário bíblico internacional) sobre o livro de Ester; e *Handbook for Hebrew Exegesis* (Manual de Exegese Hebraica). Visite seu site em www.ShepherdLeader.com.